Christine de Pizan

»Ich, Christine«

Christine de Pizan

»Ich, Christine«

Autobiografische Texte

Herausgegeben und übersetzt
von Margarete Zimmermann

AvivA

INHALT

VORBEMERKUNG

In »Ich, Christine« erscheinen lange autobiografische Passagen aus zwei Schlüsselwerken der Autorin zum ersten Mal in deutscher Übersetzung. Zum einen Auszüge aus dem gigantischen geschichtsphilosophischen Versepos *Le Livre de la Mutacion de Fortune (Das Buch von der launischen Fortuna),* das über 20000 Verse und eine längere Passage in Prosa umfasst. Die Übersetzung ist in Prosa, da es Christine nicht um die Schaffung eines poetischen Meisterwerks ging. Sie schrieb in Achtsilbern, weil Versdichtung in ihrer Zeit größeres Prestige hatte. Ein besonders elegantes, kostbares Exemplar mit zwei Autorinnenbildern befindet sich heute in der Bayerischen Staatsbibliothek in München (cod. gall. 11).

Außerdem wurden aus der in drei Bücher untergliederten, sehr umfangreichen Prosaschrift der *Advision Cristine (Christines Vision)* Passagen des I. Buches und große Teile von Buch III übersetzt: zunächst die Klagerede der Christine mit zahlreichen konkreten Informationen zu ihren Lebensumständen und dann die ausführliche Gegenrede der Frau Philosophie.

Da die übersetzten Texte eingebettet werden in Kommentare und Erläuterungen der Herausgeberin, haben wir diese beiden Varianten jeweils grafisch voneinander unterschieden. Im gesamten Buch – auch im Einführungskapitel »Das autobiografische Projekt der Christine de Pizan« – sind die Originaltexte Christine de Pizans halbfett, während die von Margarete Zimmermann stammenden Texte in normaler Schrift gedruckt sind.

DAS AUTOBIOGRAFISCHE PROJEKT DER CHRISTINE DE PIZAN

Aus einer Entfernung von mehr als sechshundert Jahren erreicht uns die Stimme einer etwa vierzigjährigen Frau. Sie berichtet von einem Wendepunkt in ihrem Leben, der ihr, mit großer Verspätung und nach einigen Schicksalsschlägen, endlich den Weg zu etwas Neuem eröffnet, dem »Studium als Lebensform (...), das Einsamkeit und Freiheit zur Voraussetzung hat«[1]. Damit verwirklicht sie etwas, was sie als ihre Bestimmung betrachtet, das heißt: eine dem Studium der Bücher und der Erschaffung von Büchern gewidmete Existenz. Eine alleinstehende Frau und Witwe, die noch für andere in ihrem Haushalt lebende Personen verantwortlich ist, entscheidet sich also für diese besondere, ihren Begabungen und Interessen indes gemäße Existenzform. Sie realisiert diese weder in einer Einsiedelei noch in einem Frauenkloster und auch nicht im Anblick der Natur, wie es Francesco Petrarca tut. Vielmehr entfaltet sich dieses »den Studien gewidmete und zurückgezogene Leben«, diese »vie studieuse et solitaire«,[2] mitten im unruhigen, lärmigen, zuweilen auch gefährlichen Paris des frühen 15. Jahrhunderts.

Dort beginnt sie eine Karriere als Schriftstellerin und verfasst zunächst Lyrik im Geschmack der Zeit, oft Langgedichte über amouröse Streitfragen, im Lauf der Zeit jedoch zunehmend Werke mit Bezug zu Fragen der sie umgebenden Gesellschaft und der tagespolitischen Aktualität. In einer kleinen, in ihr Stadthaus integrierten Schreibwerkstatt und ihrem eigenen *studiolo*, ihrem Studierzimmer, schreibt sie ihre Texte selbst ab oder beaufsichtigt angestellte Kopisten bzw. ihren Sohn Jean. Von außen kommen Buchmaler hinzu, darunter eine Frau, Anastaise, sowie andere Spezialisten der Buchherstellung.[3] Da es um 1400 noch keinen Buchmarkt im modernen Verständnis gibt, ist sie auf die Unterstützung durch mächtige und wohlhabende Einzelpersonen angewiesen, deren Zahlungen die Herstellung einer kostbaren Handschrift ermöglichen. Christine de Pizan aktiviert ihre Kontakte zu Adligen, denen sie während ihrer am französischen Königshof verbrachten Jugend begegnet war, um gefördert zu werden, und schafft sich auf diese Weise ihre Netzwerke.

Ihre Freude über ein nach vielen Arbeitsschritten endlich fertiggestelltes Buch vergleicht sie mit dem Glück bei der Geburt eines Kindes und greift hierbei auf die Ovid und anderen Autoren der Antike vertraute Vorstellung des Buchs als Kind zurück.[4] Zugleich feminisiert sie diesen Vergleich, indem sie ihn mit weiblicher Erfahrung verbindet:

»Genauso wie eine Frau, die ein Kind auf die Welt bringt, in dem Augenblick, wenn sie den Schrei ihres neugeborenen Kindes vernimmt, all ihre Schmerzen

vergisst, so wird es dir ergehen, wenn du zum ersten Male die Stimme deiner Bücher vernimmst.«[5]

Diese neue Stimme in der europäischen Literatur auf der Schwelle vom Mittelalter zum Humanismus gehört der Franko-Italienerin Christine de Pizan, der es tatsächlich gelingt, sich in ihrer Zeit als erfolgreiche Schriftstellerin zu etablieren und sich über ihren Tod hinaus ein dauerhaftes Gedächtnis zu verschaffen. Sie wird nie vollständig vergessen werden und hat im 20. Jahrhundert ein fulminantes, noch immer andauerndes Comeback. Innerhalb der Geschichte der französischen – und auch der europäischen – Literatur und Kultur gilt sie, lange vor Autoren und Autorinnen des 18. Jahrhunderts wie Jean-Jacques Rousseau oder Sophie von La Roche, als die erste Autorpersönlichkeit mit einem klar umrissenen, von ihr selbst geschaffenen Profil. Wie konnte sie, die Tochter italienischer Einwandereltern, hierzu werden?

Migrationen: Bologna – Venedig – Paris

Ihre Ausgangssituation ist günstig, auch wenn sie zunächst nichts dazu prädestinierte, eine europäische Schriftstellerin von Rang zu werden.[6] Geboren Ende 1364 oder Anfang 1365[7] in Venedig, als Tochter des berühmten Arztes und Astrologen – Tätigkeiten, die im Mittelalter eng miteinander verbunden sind – Tommaso da Pizzano und einer namenlos gebliebenen Mutter, die aus »einer bürgerlichen Medizinerfamilie«[8] stammt. Als Vertreter der sogenannten astrologischen Medizin hält der Vater von 1341 bis 1353 Vorlesungen an der renommierten Universität von Bologna, bevor er im Rat der Stadt Venedig engagiert wird. Er ist in der damaligen internationalen *scientific community* so bekannt und gefragt, dass sich 1365 zwei Könige gleichzeitig um ihn bemühen und versuchen, ihn als Leibarzt und astrologischen Ratgeber zu gewinnen: König Ludwig I. der Große von Ungarn aus dem Hause Anjou und Charles V. von Frankreich, Letzterer ein ausgesprochen intellektueller Herrscher, zudem innen- und außenpolitisch erfolgreich, der für Frankreich zu diesem Zeitpunkt gerade eine längere Zeit des Friedens und des Wohlstands erreicht hat. Für ihn entscheidet sich Tommaso, auch deshalb, weil das Paris um 1360 ein höchst verlockendes geistiges und künstlerisches Zentrum ist.

Deshalb zieht er Ende 1365 allein, ohne seine Familie, dorthin und plant, nach einer gewissen Zeit nach Italien zurückzukehren. Doch der König schätzt ihn so sehr, dass er ihn einfach nicht gehen lässt. Tommaso muss also in Paris bleiben, und so folgt ihm seine Großfamilie 1368 nach einer langen, beschwerlichen Reise über die Alpen nach Paris. Sie vollziehen damit eine Migration besonderer Art, nicht aus sozialer Not oder wegen politischer Verfolgung, sondern im Gefolge eines Kultur- und Wissenstransfers von Italien nach Frankreich.

An diesen Übergang in eine neue Kultur und die damit verbundenen Rituale – an das Betreten eines fremden Landes, die Begegnung mit einer fremden Sprache, die Erfahrung eines neuen Kulturraums und seine Wirkung auf sie als Kind, die teilweise Lösung vom Vertrauten – erinnert sich Christine de Pizan noch Jahrzehnte später (wobei sie im Folgenden allerdings die Perspektive des Kindes durch die der Erwachsenen ersetzt): Fest in ihrem Gedächtnis verankert ist die gemeinsam mit ihrer (hier jedoch nicht erwähnten) italienischen Großfamilie gemachte Erfahrung einer

»Durchquerung fremdartiger Landschaften, hochaufragender Alpen, wilder Heidelandschaften, tiefer Wälder und rauschender Flüsse. So reiste ich viele Tage lang, bis mir aus weiter Ferne der Lichtschein des vor Glorie leuchtenden Landes erschien, zu dem ich strebte. Und da ich auf diese Weise, je näher ich kam, immer besser seine Hoheit wahrnehmen konnte, setzte ich meine lange Reise bis zu seiner Hauptstadt fort, die man das zweite Athen nannte.[9] So beendete ich die Mühsal dieses Wegs, ruhte meinen ermüdeten Glieder aus und überlegte, wie ich die Bekanntschaft jener Prinzessin [Frankreichs] würde machen können. Da ich jedoch noch zu jung war, wusste ich nicht, wie ich es anstellen sollte, um jene Sprache zu erlernen, die anders war als die meiner Eltern; aber dennoch, mit den einfachen

Mitteln meiner noch nicht voll ausgebildeten Sinne erkundete ich schon die Sitten, Gebräuche und das Wesen jener Dame. Und da ich einige Jahre lang in dieser Weise fortfuhr und mein Auffassungsvermögen wuchs, bekam ich Einblick in ihre Hoheit und Macht; [...] kurz und gut, ich bezeuge wahrheitsgemäß und ohne ausschmückende Lügen, dass mir ihr Land glorreich erschien, reich an Früchten, überquellend an Reichtümern, groß und breit im Durchmesser, überwiegend bebaut mit dicht besiedelten Städten, starken Befestigungen, Burgen, Ortschaften, Festungen und mit einer großen Anzahl sehr eleganter Herrenhäuser; mächtige Herrschaften, nicht grausame, legitime und im Umgang wohlwollende Fürsten katholischen Glaubens, umsichtig in der Regierung und elegant als starke und mächtige Ritterschaft, treue Untertanen, ein gehorsames Volk. In diesem Land nahm ich wahrlich alle diese Eigenschaften wahr und noch manche andere gute, deren Nennung ich mir hier, um es kurz zu machen, versage. Aber da es nichts Gutes ohne Neid gibt, stimmt es auch, dass ich dort viele Verwüstungen sah – das Werk fremder Neidhammel. Deswegen habe ich den Eindruck, dass es in diesem Land zuweilen große, grausame Drangsale gegeben hat und noch immer gibt.«[10]

Die kleine Cristina da Pizzano, bald umbenannt in Christine de Pizan, lernt schnell Französisch, über ihre

Brüder und ihren Vater wahrscheinlich auch etwas Latein, und wächst während dieser glücklichen frühen Jahre in Paris auf, mit ihren drei älteren Geschwistern Stefano, Aghinolfo und Paolo, inmitten einer emigrierten italienischen Großfamilie, der *familia.* Zu ihr gehören die Kernfamilie mit Verwandten sowie die sog. »Haushaltsfamilie«.[11] Das Wohnhaus befindet sich »vermutlich in einem Haus in der Nähe des im Pariser Marais-Viertel gelegenen Hôtel St.-Paul«[12], der Lieblingsresidenz des Königs, die aus mehreren miteinander verbundenen Gebäuden und eingeschlossenen Gärten bestand.

Das sie umgebende Milieu ist ebenso privilegiert wie anregend, mit der dominanten Figur ihres Vaters Tommaso. Dessen eigene Bibliothek und die des Königs, ferner zahlreiche Gespräche und Begegnungen dürften schon früh die intellektuelle Neugierde des Kindes geweckt haben, ist sie doch, wie sie später schreibt, eine ›Vater-Tochter‹, diesem in jeder Hinsicht sehr ähnlich, äußerlich, aber auch hinsichtlich ihrer Intelligenz und Wissbegier. Sie und ihre Familie führen ein vermutlich mehrsprachiges Leben zwischen verschiedenen Kulturen, denn neben der französischen Sprache bleibt das Italienische immer präsent: Die *cassettoni*, die Truhen dieser norditalienischen Familie, mit denen sie in Paris ankommt, enthalten sicherlich nicht nur Hausrat, Schmuck und Repräsentationsgewänder, sondern auch eine Bibliothek in Gestalt zahlreicher Handschriften von literarischen und wissenschaftlichen Werken. Nicht zufällig bezieht sich Christine später oft auf Italien und auf die drei »Kronen« der italienischen Literatur, Dante, Petrarca und Boccaccio. Ihr Stolz auf die italienische Herkunft und ihre Familie zeigt sich nicht zuletzt darin, dass sie zeit ihres Lebens, auch als Witwe und später als Autorin, den Namen Christine de Pizan beibehält, der auf ihre Herkunft verweist. Aber auch von der antiken und der arabischen Schriftkultur dürfte sie erfahren haben, denn Charles V. förderte sein Leben lang Übersetzungen aus diesen Sprachen.

Lebenskrisen

Zunächst sind die Weichen jedoch eindeutig in Richtung eines konventionellen mittelalterlichen Frauenlebens gestellt: Als Fünfzehnjährige wird sie mit Étienne du Castel (*1356), einem jungen Beamten des königlichen Hofs,[13] verheiratet, den ihr Vater für sie ausgesucht hatte. Mit Étienne, den sie im Rückblick stets als einen liebevollen Gefährten bezeichnet, bekommt sie drei Kinder und lebt ein komfortables, glückliches Leben – bis die drei männlichen Schutzfiguren ihrer eigenen Existenz und der ihrer Familie in rascher Abfolge sterben: zuerst, Jahr 1380, mit nur dreiundfünfzig Jahren, Charles V., der generöse und wohlwollende König, dann um 1385 ihr Vater, und schließlich fällt ihr Mann 1390 (vermutlich) der Pest zum Opfer, als er den König auf einer Reise nach Beauvais begleitet.

Damit zerbricht plötzlich die so komfortable Existenz einer jungen Frau und ihrer Familie im Zentrum von Paris. Ihre Brüder kehren nach Italien zurück, um dort zu überleben, und lassen ihre fünfundzwanzigjährige Schwester allein in einem fremden Land zurück, mit der Verantwortung für sechs bis acht Personen der Großfamilie, darunter ihre alte Mutter. Christine de Pizan, »Witwe Castel«, wie sie jetzt genannt wird, wird ihre Brüder und ihre alte Heimat nie wiedersehen. Eine neue Eheschließung, die ihrer Existenz unter Umständen mehr Sicherheit gegeben hätte, kommt für sie nicht in Frage.

Nun drohen Armut und sozialer Abstieg. Ihr Leben ab 1390 wird zu einem zähen und immer wieder neu ansetzenden Kampf um das Überleben und um finanzielle Ressourcen. Dies alles – Schuldeneintreibung, Prozesse, mühselige Demarchen in Gerichten und Adelshöfen, um an die ihr zustehenden Gelder zu kommen – dauert mehr als dreizehn Jahre, wie sie selbst schreibt. Aus diesem Grund nehmen in ihren Erinnerungen an diese Zeit, die sie in *Christines Vision* niederschreibt, spätmittelalterliche finanz- und banktechnische Termini sowie juristische Prozeduren, die von ihr detailliert beschrieben werden, so großen Raum ein. Später, als Autorin und Chronistin dieser schwierigen Lebensumstände, macht sie seit ihrem geschichtsphilosophischen Gedicht *Das Buch von der launischen Fortuna* (1402/03) aus der unberechenbaren Glücksgöttin die zentrale Instanz ihres autobiografischen Berichts, um den jähen Sturz von einem glücklichen Lebensabschnitt in großes unverschuldetes Unglück erzählerisch zu gestalten. Zugleich, wenn sie ihre Klage über ihre Lebensgeschicke als unschuldig leidende ›Gerechte‹ anstimmt, orientiert sie sich an der alttestamentarischen Figur des Hiob, aber noch mehr, wie wir sehen werden, an der des spätantiken Autors Boethius im Zwiegespräch mit Frau Philosophie.

Doch gerade in dieser Krise, mit ihren unzähligen Demütigungen, Niederlagen, mit Krankheit und zuweilen auch depressiver Mutlosigkeit, erfolgt eine erstaunliche Verwandlung. Christine kleidet diese nach dem Vorbild von Ovids *Metamorphosen* in eine ebenso anmutige wie dramatische Geschichte: den Bericht von der Verwandlung einer ›Frau‹ in einen ›Mann‹, die sich – so will es die poetische Fiktion – dem Einwirken Fortunas verdankt. Das heißt: Die weibliche Person ›Christine‹ vollzieht einen Genderwechsel und besetzt männliche Positionen, zunächst in sozialer, dann auch in kultureller Hinsicht. Sie wird damit, wenn man so will, die erste transidentitäre Persönlichkeit der französischen Literatur.[14] In ihren autobiografischen Texten stellt sie dies als etwas dar, das – fast wie eine Operation – an ihr vollzogen wird, und als einen Prozess, den sie passiv erleidet – aber auch dies ist eine poetische Fiktion. Auf jeden Fall übernimmt sie tatsächlich die männlich besetzte Rolle des Haushaltsvorstands und des Versorgers ihrer Familie. Zunächst jedoch, um zu überleben und für die Ihrigen zu sorgen, arbeitet sie vermutlich, wie damals viele andere Frauen in europäischen Universitätsstädten, als Kopistin fremder Werke. Schreibtechniken sowie Praktiken der Buchherstellung könnte sie über eine Zusammenarbeit mit ihrem Mann, dem Notar und königlichen Sekretär, erlernt haben.

Dann, nach etwa vier bis fünf Jahren, nach intensiven autodidaktischen Studien, gibt es einen Wendepunkt, von dem sie detailliert in *Christines Vision* spricht: Sie beginnt, selbst zu schreiben, zunächst späthöfische Lyrik, später überwiegend umfangreiche Prosatexte, in denen sie sich mit den großen Fragen ihrer Zeit auseinandersetzt: Krieg und Frieden, der Ordnung der Gesellschaft, der Vorbereitung von jungen Männern und Frauen auf ihr Leben in Städten und auf ihren ländlichen Besitzungen. Mit ihrem heute bekanntesten Werk, dem *Buch von der Stadt der Frauen* (1405) unternimmt sie den Bau einer imaginären Stadt aus exemplarischen Geschichten weiblicher Vorbildlichkeit – als unzerstörbaren Schutzraum gegen Hass und Hetze in den damaligen Medien.

Damit begibt sie sich auf ein Terrain, das literarische Feld des Spätmittelalters, auf dem Frauen in dieser Zeit definitiv nicht vorgesehen waren. Auch lukrative Posten an Adelshöfen – etwa als Sekretäre, Geschichtsschreiber oder Prinzenerzieher – gab es für sie nicht und damit auch keine kontinuierlichen verlässlichen Einkünfte. Christine de Pizan wird trotzdem zu der ersten professionellen Schriftstellerin Europas und hat großen Erfolg mit ihrem extrem vielseitigen, in großer Geschwindigkeit entstehenden Werk. So zieht sie nach knapp einem Jahrzehnt, im Jahr 1405, Bilanz und dokumentiert, zurückblickend auf ihre Anfänge, eine unglaubliche Erfolgsgeschichte: Ein umfangreiches Werk von europäischer Verbreitung und Ausstrahlung ist entstanden (»fünfzehn umfangreiche Bände« sowie »andere, kürzere Schriften, die bekanntermaßen rund siebzig großformatige Hefte füllen«[15]), und ein Ende ist zu diesem Zeitpunkt noch nicht abzusehen.

Dies alles geschieht unter geschickter Ausnutzung ihrer Beziehungen zu großen Adligen ihrer Zeit, ihren Gönnern und Gönnerinnen, Teile ihres internationalen Netzwerks: Das ist zuallererst die französische Königin Isabeau de Bavière – eine Deutsche und Wittelsbacherin, eigentlich Elisabeth von Bayern – und ihr zunehmend geistig verwirrter Gemahl, König Charles VI. Mit Isabeau wird sie zeit ihres Lebens verbunden bleiben. Für sie stellt Christine um 1413 eine kostbare Sammelhandschrift ihrer wichtigsten Werke zusammen, *The Queen's Manuscript* (»Die Handschrift der Königin«), die in den Wirren des Hundertjährigen Kriegs nach England gelangte und heute zu den kostbarsten Stücken der British Library gehört.

Christine de Pizan überreicht Isabeau de Bavière ihre gesammelten Werke

Die Frontispizminiatur mit der Überreichungsszene zeigt einen großen repräsentativen Raum der Königin, vermutlich im Hôtel Saint-Paul in Paris. Er ist kostbar ausstaffiert und möbliert, die prächtigen Wand-Draperien sind geschmückt mit den französischen Königslilien und den weiß-blauen bayerischen Rauten, die auf die Herkunft von Isabeau verweisen. Diese, mit einer extravaganten modischen Haartracht samt ebensolcher Kopfbedeckung und etwas stumpfem

Blick, sitzt, mit ihrem aufmerksamen weißen Schoßhündchen zur Rechten, auf einem roten Tagesbett. Sie ist umgeben von ihren sechs Hofdamen. Rechts im Bild ein etwas größerer schlafender weißer Hund.

Die blaugewandete Christine mit auffällig schlichter weißer Witwenhaube kniet vor Isabeau, blickt diese an und hält ihr ein dickes rotes Buch entgegen, eine umfangreiche Pergament-Handschrift. Es verbindet wie eine Brücke Herrscherin und Autorin. Vermutlich spricht sie zu der Königin, nachdem diese sie dazu aufgefordert hat, und dankt ihr dafür, diese gesammelten Werke und deren kostbare Ausstattung mit 130 Miniaturen als Neujahrsgabe für den Beginn des Jahres 1414 in Auftrag geben zu haben. Das unter diesem Bild zu lesende Widmungs- und Huldigungsgedicht Christines erläutert die Entstehung dieses Prachtbands: »So habe ich es, Madame, zusammenstellen lassen. / Sobald ich erfuhr, / Es sei für Euch bestimmt, / Habe ich es zu Ende abschreiben und aufwendig illuminieren lassen.«[16]

Außerdem gewinnt Christine, die die Herstellung ihrer Werke immer genauestens verfolgt und beaufsichtigt, weitere hochgestellte Persönlichkeiten für sich, wie Ludwig von Orléans und seine Frau Valentina Visconti, eine Italienerin aus der Lombardei, den Burgunderherzog Philipp den Kühnen und Johann von Berry, um nur die wichtigsten zu nennen. Später kommen die englischen Könige Richard II. und Heinrich IV. und Adlige wie der Herzog von Salisbury hinzu sowie der norditalienische Fürst Gianfranco Galeazzo Visconti; beide, der Engländer und der Italiener, versuchen, Christine de Pizan an ihre Höfe zu locken, doch sie entzieht sich diesen Angeboten.

Scharnierjahr 1405

Schon an der Fülle der von Christine de Pizan fertiggestellten und überreichten Werke, deren Abfolge sich geradezu ›jagt‹, lässt sich die Besonderheit des Jahrs 1405 erkennen, in das auch der Abschluss von *Christines Vision* fällt. Sie steht auf der Höhe ihres Erfolgs, der ihr zwar eine gewisse Absicherung ihrer Lebensverhältnisse und der sie umgebenden Personen, ihrer Großfamilie, eingebracht hat, keinesfalls jedoch eine besonders komfortable materielle Situation. Ob sie eine solche wirklich angestrebt hat, ob es für sie nicht immer wichtiger war, sich die notwendigen Freiräume für ihr Schreiben zu bewahren, sei dahingestellt.

Die innen- und außenpolitische Situation in Frankreich ist eine zunehmend schwierige, ja sogar dramatische geworden. Die Glanzzeiten der Regierung des von ihr geliebten Königs Charles V., der 1380 überraschend jung gestorben war, sind lange vorbei. Die Monarchie ist geschwächt durch die Geisteskrankheit seines Sohns Charles VI. und durch die um die Macht rivalisierenden, einander bekämpfenden mächtigen Adligen, vor allem die Konflikte zwischen den Häusern Orléans und Burgund. Hinzu kommt der seit 1337 schwelende und immer wieder aufflammende Hundertjährige Krieg, in dem es um die Besitzungen des englischen Königs auf dem französischen Festland und die französische Krone geht. Dieser Krieg endet erst in der Mitte des 15. Jahrhunderts.

Konfrontiert mit diesen Verhältnissen gibt es für Christine de Pizan als mutige, politisch denkende Intellektuelle, doch zugleich als relativ schutzlose Frau ohne Familienverband nur zwei Möglichkeiten: entweder den Rückzug aus der Öffentlichkeit – dies hätte den Verzicht darauf bedeutet, auf diese Situation zu reagieren als eine Schriftstellerin, die zu diesem Zeitpunkt über eine gewisse Bekanntheit sowie über gute Beziehungen zu den ›Entscheidern‹ verfügt. Oder den Versuch, die politisch Mächtigen zu beeinflussen. Sie entscheidet sich für Letzteres, wird zu einer Ratgeberin – ›Influencerin‹ – und verfasst ab 1405 überwiegend politische Schriften von unterschiedlicher Länge: ausführliche Traktate über den Frieden und das Waffenhandwerk, aber auch einige kurze, flugschriftähnliche Texte als Antwort auf die dramatische innen- und außenpolitische Situation. Sie schreibt damit gegen die Selbstzerfleischung der Franzosen an, gegen Krieg und Krise, ohne wirklichen Erfolg zu verspüren, aber dazu ist die Situation auch zu komplex, die Krise zu weit fortgeschritten. Mehr als ein Jahrzehnt später, als der Druck auf sie zu groß geworden ist und sie um ihr Überleben fürchten muss, entscheidet sie sich dann doch für die Flucht aus Paris und ein Exil außerhalb der Stadt. Sie verbringt ihre letzten Lebensjahre vermutlich im Dominikanerinnenkloster von Poissy bei ihrer Tochter Marie. Trotz aller Abgeschiedenheit muss sie auch dort noch gute Kontakte zur Außenwelt und zum politischen Geschehen in Frankreich gehabt haben, denn ihr letztes (uns heute erhaltenes) Werk ist ein eminent politisches: Sie erhebt ihre Stimme mit einem längeren Lobgedicht auf die mutige Jeanne d'Arc, ein »zartes junges Mädchen«, das Frankreich aus der Krise rettet und vor dem Untergang bewahrt.

Mit der langen Regierungszeit von König Charles VII. (1422–1461) und der Rückeroberung der in englische Hand geratenen französischen Provinzen beginnt nicht nur politisch eine neue Epoche, sondern auch in der Kunst und Literatur, eine Zeit, an der Christine nicht mehr aktiv teilhat,[17] denn sie gehört jetzt einem vergangenen Zeitalter, einer ›alten‹ Generation an. Die Mehrzahl ihrer Gönner und Gönnerinnen sind mittlerweile verstorben. Doch ihre Bücher verbleiben in den großen Bibliotheken von Fürsten sowie anderer Leser und Leserinnen und werden dort oft in weiblicher Linie weitervererbt und neu gelesen.

In den nachfolgenden Jahrhunderten wird sie nie ganz vergessen – bis sie dann im 20. Jahrhundert mit ihrem in viele Sprachen übersetzten *Buch von der Stadt der Frauen* für eine größere internationale Leserschaft definitiv wiederentdeckt wird und einen festen Platz im kulturellen Gedächtnis bekommt – wie sich zuletzt

2024 bei der Eröffnungszeremonie der Olympiade in Paris zeigte, als ihre Statue, gemeinsam mit denen von neun anderen großen Frauen der französischen Geschichte, buchstäblich aus der Seine auftauchte.

Frühe autobiografische Versuche

Zurück zu Christine de Pizan als Schriftstellerin. Für die Festigung ihrer Position war es wichtig, sich selbst in ihren Schriften mit einer überzeugenden Geschichte zu präsentieren, um an ihrem öffentlichen Bild zu arbeiten und sich für ihre Rolle zu legitimieren. Ein fester Bestandteil dieser Selbstdarstellungen, die bis heute entscheidend zu ihrem Bekanntheitsgrad beitragen, sind ihre Porträts in den Miniaturen ihrer Handschriften. Sie zeigen die Schriftstellerin zwar umgeben von unterschiedlichen spätgotischen Architektur-Konstrukten, mit mittelalterlichen Schreibstuben- und Sitzmöbeln sowie mit Schreibaccessoires wie Feder, Tintenhorn und Radiermesser, entweder allein bzw. mit einem Hündchen oder in Interaktion mit Gruppen des höfischen Milieus, in unterschiedliche Farben gekleidet, doch immer mit einem Bezug zur Welt der Bücher: An und in ihnen schreibt sie, Bücher umgeben sie, sie überreicht ein Buch einem Gönner oder einer Gönnerin oder benutzt es als Lehrbuch.[18]

Im Folgenden geht es um ihr autobiografisches Projekt, darum, wie sie im Medium verschiedener Texte ihr »Ich, Christine« konstruiert. Anregungen zu einer solchen Selbstdarstellung dürfte in der italienischen Kultur verwurzelte Christine bei Dante Alighieri und Francesco Petrarca gefunden haben. Diese sprechen in ihren Schriften von den subjektiven Erfahrungen eines in der Welt lebenden Ich oder loben wie Petrarca in *De vita solitaria – Das Leben in der Einsamkeit* (1346–73) – eine zurückgezogene, dem Bücherstudium gewidmete Existenz. Beides allerdings deutlich männlich konnotiert, während Christine diese Lebens- und Erfahrungsräume für ein weibliches Ich öffnet. Dies hatte sie bereits bei der Entwicklung der Bildprogramme für ihre Selbstdarstellung als schreibende Frau in ihrer Studierstube getan und sich hierbei ebenfalls von Abbildungen ihres Landsmanns Petrarca inspirieren lassen.

Bevor sie sich an eine kompaktere autobiografische Darstellung wagt, experimentiert sie während ihrer ersten Schaffensphase (1399 bis 1405) mit verschiedenen Formen des Ich-Schreibens: So gibt es schon in ihrer ersten Gedichtsammlung, den *Cent Balades* und den *Autres Balades* (1399), Gedichte mit deutlich autobiografischem Gehalt, vor allem in Witwenklagen und Einsamkeitsgedichten wie der bis heute berühmten Ballade XI »Seulette suis, et seulette vueil estre …« – »Allein bin ich, und allein will ich sein …«. Hier findet sich in den *Autres Balades* auch ihre politische Ballade Nr. VI, in der sie die Schutzlosigkeit der Witwen dem Versagen des Dritten Standes, der Ritter, anlastet. Zu deren Pflicht gehört traditionsgemäß der Schutz der

Schwächeren, die diese jedoch vergessen hätten. Wie wichtig diese Anklage und dieses frühe Gedicht ihr waren, zeigt sich daran, dass sie es sechs Jahre später in *Christines Vision* wieder aufnimmt und seine Entstehung aus ihrer eigenen Lebenssituation erklärt.

Anders verfährt sie in ihrem *Weg des langen Lernens*,[19] einem langen, in Versen abgefassten Bericht von einer geträumten Reise in die himmlischen Sphären mit der Sybille von Cumä, die sie begleitet, ähnlich wie in der *Göttlichen Komödie* Vergil den Dichter Dante auf seiner Jenseitsreise. Mit ihr trifft sie auf drei gekrönte Frauengestalten – *Chevalerie* (Rittertum), *Noblesse* (Edelmut) und *Sagesse* (Weisheit) –, die sich unter dem Vorsitz von *Raison* (Frau Vernunft) darüber streiten, welche von ihnen am besten einen idealen Herrscher ausmache. Außerdem tritt die Personifizierung der Erde – *la Terre* – auf, die über ihren kriegsbedingten jammervollen Zustand klagt.

Dieses Buch beginnt mit einer längeren Ansprache an ihre Gönner, den jungen König Charles VI., an dessen Bruder Ludwig von Orléans sowie an seine Onkel Johann von Berry und Philipp von Burgund. Diesen präsentiert sie sich zunächst mit der üblichen Bescheidenheitsrhetorik als eine »unwürdige« (»mon indignité«), »naive« (»ma simplece«) und mit »Unwissenheit« (»ignorance«) geschlagene Person. Doch sei gerade ihr, der »Unerfahrenen« (»sans pratique«) von den Teilnehmenden an einer politischen Debatte aufgetragen worden, diesen Streit für den König zusammenzufassen und ihn um eine Stellungnahme zu bitten.

Jedoch statt sogleich mit der Geschichte ihrer Himmelsreise zu beginnen, geschieht etwas Überraschendes: Die Autorin berichtet von sich selbst und davon, wie sie zu der Person geworden ist, die es wagen kann, mit einer fantastischen poetischen Erzählung vor den französischen König bzw. vor dessen männliche Verwandte zu treten und um Aufmerksamkeit für eben diese Geschichte zu bitten. Hier, in diesem vorangestellten Lebensbericht, finden sich bereits Versatzstücke, auf die sie später wieder zurückgreift: Schon hier ist die Rede von den Umtrieben der Fortuna und deren Einfluss auf das Leben der Verfasserin, außerdem erwähnt sie hier ihren Rückzug aus einer Gesellschaft, die von ihr verlangt, ihre Traurigkeit zu verbergen. Ihr Zufluchtsort ist jedoch nicht die Zelle eines Frauenklosters, sondern **»ein kleines *studiolo*, wo ich oft zu meinem Vergnügen die Geschichten von verschiedenen Abenteuern betrachte«** (V. 173–176).

Dieses Thema einer freiwilligen Einsamkeit nimmt sie später wieder auf. Vorerst, in dem Vorspann zu diesem Werk, ist diese Existenz als »solitaria«, »Einsame« (die an Petrarcas »solitarius« erinnert), die Voraussetzung für ein besonderes Leseerlebnis: die Wiederbegegnung mit einem ihr bereits bekannten Buch, das gerade jetzt, in ihrer neuen, von sozialem Abstieg und mühseliger Existenzsicherung bestimmten Existenz eine ganz neue Bedeutung bekommt: Es ist die *Consolatio Philosophiae, Der Trost der Philosophie,* verfasst um 523 von dem spätantiken Autor Boethius. Dieser befindet sich in einer existenziellen Extremsituation und an einem besonderen Ort, dem Gefängnisturm in Pavia. Boethius erzählt hier die Leidensgeschichte eines zum Tode verurteilten Exilierten, dem eine majestätische Frauenfigur (die Philosophie) erscheint, um ihn zu trösten, ihn als Seelenärztin zu therapieren und ihm die passenden Medikamente zu verabreichen. Diese Rahmenhandlung übernimmt Christine, und es ist leicht zu verstehen, weshalb dieses Buch für Christine de Pizan in ihrer neuen Situation so wichtig werden muss:

»Die Szene prägt sich ein: Boethius sitzt im Gefängnis, Folter und Hinrichtung stehen ihm bevor. Er weiß sich unschuldig und beklagt sein ungerechtes Schicksal. Er versteht den Lauf der Welt nicht mehr und verfällt einer depressiven Lethargie. Da erscheint eine Frau, die Philosophie, und weist ihn zurecht. Er sei sich selbst abhandengekommen, sagt sie ihm und zeigt, wie er sich selbst wiederfinden kann. Das Werk des Boethius *Trost der Philosophie* gestaltet literarisch die Psychotherapie eines verzweifelten Todgeweihten.«[20]

Diese Lektüre wirkt auf Christine wie eine Initialzündung – für ihr in den Jahren 1402/03 entstandenes *Buch von der launischen Fortuna* und auch etwas später für *Christines Vision* (1405). Ähnlich wie zu Beginn

Die Personifikation der Philosophie besucht Boethius, um 1200.

ihres *Buchs von der Stadt der Frauen,* wo sich eine Lesende während der Lektüre einer misogynen Schrift geradezu in eine produktive Rage liest,[21] führt hier die zufällige Wiederbegegnung mit einem bereits in einer anderen Lebenssituation gelesenen Buch zur Lösung einer emotionalen Blockade, »denn es befreite mich aus meiner Verwirrung und meinem Schmerz« (V. 204–205), und die Autorin, eine exilierte Italienerin in einer prekären sozialen Situation, liest darin bis Mitternacht und spiegelt sich in dem Bericht des exilierten Boethius.

Ob der von ihr einleitend als erhoffter Mäzen angesprochene französische König Charles VI. diese Huldigung gelesen hat, von der Autorin geschickt in eine Selbstinszenierung ihres schreibenden Ich umfunktioniert? Vermutlich nicht. Doch wichtiger aus heutiger Sicht ist, dass die Autorin mit ihrer Vorrede zu diesem Werk einen Schritt weiter gekommen ist auf ihrer Suche nach einer literarischen Form für die Artikulation eines »Ich, Christine«. Neben dem Rückgriff auf die Vorstellung von der blind waltenden Schicksals- und Glücksgöttin Fortuna waren die Wiederbegegnung mit Boethius und die erneute Lektüre von *Der Trost der Philosophie* hierfür entscheidend. Ihre nächste große Schrift, *Das Buch von der launischen Fortuna*, an der sie zu diesem Zeitpunkt bereits arbeitet, widmet sie dem Einfluss der Frau Fortuna auf die Geschichte der Menschheit – und auf die eines weiblichen Individuums namens Christine.

Margarete Zimmermann

I. DAS BUCH VON DER LAUNISCHEN FORTUNA (1402/03), ODER: »WIE ICH VON EINER FRAU ZU EINEM MANN WURDE«

Entstehung und Überlieferung

Christine de Pizans *Buch von der launischen Fortuna,* an dem sie mit Unterbrechungen etwa zwei Jahre lang arbeitet, ein gewaltiges Opus, abgefasst in 23 636 Achtsilbern, markiert den Übergang von der höfischen Dichterin zu einer primär politischen Autorin und Ratgeberin der Mächtigen ihrer Zeit, die sich von da an überwiegend in Prosaschriften zu Zeitfragen wie idealem Königtum, der Krise der Geschlechterbeziehungen, der Suche nach Frieden und sogar über das Waffenhandwerk äußert.

Das Werk ist in acht Handschriften überliefert, die heute in verschiedenen großen europäischen Bibliotheken aufbewahrt sind – in Paris, Chantilly, Brüssel, Den Haag und München. Christine wirkte selbst an der Herstellung dieser Abschriften mit und beaufsichtigte die Herstellung der Miniaturen.[22] Anfang 1404 überreicht sie die ersten beiden Exemplare den Herzögen Philipp dem Kühnen von Burgund und Johann von Berry, ihren wichtigsten Gönnern. Es ist eine großangelegte Universalgeschichte der Menschheit, von den Anfängen bis zur Gegenwart der Autorin. In sie fließen unvorstellbar große Mengen an Lesefrüchten ein, Bücher, die der Autorin über die Bibliothek ihres Vaters und die des königlichen Gönners Charles V. zugänglich gewesen sein dürften.

Thematischer Fokus ist die Frage: Wie zeigt sich in dieser Geschichte von Aufstieg und Fall, von Krieg und Frieden, von Glück und Unglück die Einwirkung dessen, was sie als die unbeständige Fortuna bezeichnet? Dies ist der Leitfaden von Christines großer Erzählung, mit dem (Luft-) Schloss der Fortuna als zentralem Bildmotiv.[23] Die Version aus der Handschrift cod. gall. 11 der Bayerischen Staatsbibliothek »zeigt die exponierte Lage des Gebäudes auf einem Felsen über dem von Stürmen aufgewühlten Meer. An den beiden Türen des Schlosses erkennt man rechts die Herrin dieses Anwesens, links davon die *Dame Richesse* [Reichtum] und den Jüngling *Eur* [Glück] [...]. Vier Ketten sichern das instabil auf dem Felsen errichtete Bauwerk [...]. Drei Schiffe sind auf der – wie die Wellen zeigen – sehr bewegten See zu erkennen, dem Meer des Lebens, auf dem die Menschen den Launen des Schicksals ausgesetzt sind.«[24]

Die durch den Umgang mit ihrem Vater wissenschaftlich geschulte Autorin bündelt unter der Vorstellung einer blind waltenden Fortuna Folgendes: Diese repräsentiere – vereinfacht formuliert – jenen schwer bestimmbaren ›Rest‹, der weder mit Hilfe der damaligen Leitwissenschaft Astrologie/Astronomie rational erklärt werden könne noch in den Bereich

Das Schloss der Fortuna

der göttlichen Vorsehung falle. Dieser ›Rest‹, über den Fortuna frei verfügen kann, gehöre zu den »biens mondains«, den »weltlichen Gütern«, die die göttliche Instanz nicht weiter interessierten.[25]

Eine Schriftstellerin, die wie sie vor ein Publikum des französischen Hochadels tritt und mit diesem Werk hofft, Unterstützung durch Mäzene zu gewinnen, um ihren Lebensunterhalt abzusichern, muss sich zuallererst legitimieren, umso mehr, da sie eine Frau ist. Dies tut Christine mit ihrer Selbstvorstellung gleich zu Beginn ihres großen Gedichts. Das Autorinnen-Ich schaltet sich auch an anderen Stellen dieses gigantischen Werks immer wieder ein – etwa mit Kommentaren oder wenn sie sich im 4. Teil, zu Beginn des 20. Kapitels, mit einem fiebrigen Infekt dafür entschuldigt, nicht wie gewohnt in Versen, sondern in Prosa weiterzuschreiben, um die Geschichte der Juden zu erzählen.

Geschichten von Kindheit und Familie

Die Autorin beginnt mit ihrer Geburt »in einer sehr berühmten Stadt« (Venedig) und präsentiert sich als »Abkömmling eines edlen, angesehenen Mannes, den man einen Philosophen nannte, reich an großem Wissen«, und der über einen unzerstörbaren »Besitz besonderer Art verfügte«, einen Schatz, bestehend aus »zwei kostbaren Edelsteinen«. Der erste sei der Stein der Planetenkunde, der Astronomie. Wer diesen besitze,

Ein Astrologe des 15. Jahrhunderts

»der sagt Zukünftiges voraus (...). Mein Vater wusste um alle Eigenschaften dieses Steins und bediente sich seiner so geschickt, dass er oft die Herrscher dieser Welt informierte über großen Frieden oder großen Krieg, über gewaltige Unwetter, drohende Sterblichkeit, Hungersnot oder über die Witterung, je nachdem, was ihm offenbar wurde. Dank diesem Stein weilte er am Himmel, wo sich die Planeten drehen. Er wusste, wie sie zurückkehren über die Bahn der Planeten in dieser Himmelszone, kannte genauestens die Strahlkraft jedes Einzelnen und wie der

eine höher steht als der andere, er kannte die Bahnen aller Fixsterne mit ihren Namen. Dies machte ihn so berühmt, dass jedermann überzeugt war, er wohnte selbst am Firmament. Aus diesem Grund wurde er verehrt und geschätzt, Gott sei Dank, und gern gesehen bei den Fürsten, beliebt und geachtet, dies alles wegen jenes Steins, kostbarer als Gold, beim Heiligen Petrus!«

Dann nennt sie den zweiten, ebenfalls kostbaren Stein, »der manchem das Leben gerettet hat« (V. 295 ff.) und »von allen Krankheiten heilt«. Dies sei der Stein der »Wissenschaft des Galenos« von Pergamon, des bedeutenden griechischen Arztes des Altertums: der Stein der Medizin.

Wie es sich aber mit der Vererbung solcher Schätze an ein Wesen weiblichen Geschlechts verhält, erläutert sie im Folgenden:

»Hier erzählt sie, wie sie nur Bruchstücke des väterlichen Wissens hat auflesen können.«

Die Erzählerin bezeichnet sich als ein vom Intellekt her ›männliches‹ Wesen – und empört sich über den ihr wegen ihres Geschlechts verschlossenen Zugang zu den väterlichen Bildungsschätzen. Zunächst aber beschreibt sie humorvoll, wie ihre Eltern sie zeugen und sich dabei ihre Mutter, die sich eine Tochter wünscht, durchsetzt (es war eine im Mittelalter verbreitete Annahme, dass Frauen eine solche Möglichkeit besäßen):[26]

»Mein hier bereits erwähnter Vater hatte den brennenden Wunsch und die feste Absicht, ein männliches Kind als Erben seiner Reichtümer zu bekommen, die durch Großzügigkeit nicht gemindert werden – wie er immer sagte, woran ich mich gut erinnere. Gemeinsam zeugten also er und meine Mutter in dieser Absicht. Doch er verfehlte sein Ziel, denn meine in dieser Hinsicht mächtigere Mutter wollte ein Weibchen nach ihrem Ebenbild. Deshalb – und das ist wahr – kam ich als Mädchen auf die Welt.

Aber immerhin bewirkte meine Mutter so viel für ihn, dass ich in jeder Hinsicht meinem Vater sehr ähnelte, mit Ausnahme des Geschlechts – doch so sehr im Hinblick auf die Körperhaltung, die Gesichtszüge und sogar die Wesensart, dass man meinen konnte, sie seien ganz und gar identisch. Ich bekam einen Mädchennamen und wurde von meiner Mutter mit dem heiteren Antlitz sorgfältig und äußerst liebevoll erzogen – so sehr liebte sie mich und so kostbar war ich ihr, dass sie mich gleich nach meiner Geburt selbst stillte, mich während meiner Kindheit liebevoll umhegte und mein Aufwachsen förderte.

Damals hatte ich nichts anderes im Sinn und kein anderes Bedürfnis außer, wie üblich, mit gleichaltrigen Kindern zu spielen. Aber weil ich als Mädchen auf die Welt gekommen war, war ohnehin nicht vorgesehen, dass ich in irgendeiner Hinsicht von dem Erbe meines Vaters hätte profitieren können. Es war mir also verwehrt, jenen aus dem köstlichen Brunnen des Wissens geschöpften Schatz zu erben – und dies geschah mehr aus altem Brauch als von Rechts wegen. Ginge es rechtens zu, dann verlöre das Mädchen dabei ebenso wenig wie der Junge. Aber ich weiß wohl, an vielen Orten führt eher das alte Brauchtum das Regiment als das Recht.

Aus diesem Grund, weil ich nicht lernen konnte, verlor ich meinen Anteil an diesem so reichen Schatz, weshalb mir dieser Brauch missfällt! Denn wäre es anders zugegangen, so wäre ich vermutlich reich geworden, höchst zufrieden mit dem aus dem Brunnen geschöpften Schatz, hatte ich doch große Lust dazu (noch immer, und das nicht erst seit gestern, steht mir der Sinn danach), aus dessen Tiefe zu schöpfen. Danach sehne ich mich mehr als nach irgendeinem irdischen Gut, doch nützt dies alles nichts, es geht einfach nicht wegen der oben erwähnten Sitte, die von Gott verflucht sein möge! Deshalb gleiche ich den vor Liebe entbrannten und begehrenden Liebenden, die das, wonach sie sich sehnen, weder sehen noch hören können. Darin ähnele ich ihnen, denn auch ich begehre das, was ich nicht besitze: den Schatz, den das große Wissen denen schenkt, die sich nach ihm verzehren.

Und ich, obwohl ein Wesen weiblichen Geschlechts und deshalb ohne Zugang zu dem oben erwähnten Vermögen, hatte dennoch eine natürliche Neigung hierzu. Um nun meinem Vater ähnlich zu sein, blieb mir nichts anderes übrig, als winzige Spänchen und Pailletten, kleine Münzen und Geldstückchen zu stibitzen, die von seinem riesigen Batzen abfielen. Und obgleich ich davon im Hinblick auf meinen gewaltigen Appetit zu wenig zusammengekratzt habe, so besaß ich doch alles nur durch Diebstahl. Spärliches Gut habe ich da zusammengetragen, und das merkt man meinem Werk an. Aber immerhin ist das von mir Ergatterte für mich von großem Vorteil und Gewinn. Nichts anderes gehört wirklich mir, denn trotz der Verluste, die ich durch das Einwirken der hässlichen Fortuna erlitt, ist mir wenigstens dies geblieben und bis an mein Lebensende werde ich davon profitieren.« (V. 379 ff.)

Nach diesem Exkurs setzt sie die Vorstellung ihrer eigenen Person fort und spricht von ihren wichtigsten intellektuellen Eigenschaften, deren Gesamtheit in das Bild einer »Krone« gefasst wird, verziert mit vier »Edelsteinen«, den vier Gaben, mit denen »Mutter Natur« sie beschenkt habe. Dies sind: das Urteilsvermögen (»discrecion«), die umsichtige Aufmerksamkeit (»considération«), ferner die Aufnahme- und Speicherfähigkeit (»retentive«) sowie, als letzte, wichtigste und untrennbar mit der zuvor genannten verbunden: das (Langzeit-)Gedächtnis (»mémoire«). Resümierend stellt sie fest:

»Nun soll niemand glauben, ich wollte damit angeben, mehr Wohltaten der Natur empfangen zu haben als andere, und vor allem nicht von den genannten Tugenden, die eigentlich von allen geschätzt werden sollten. Im Grunde – das weiß ich sehr wohl – habe ich wenig Anteil an ihnen, aber immerhin schenkte sie [›Mutter Natur‹] mir davon so viel, dass ich wenigstens mit Redekunst, Vernunft und rationaler Intelligenz ausgestattet bin – wenn auch nicht mit so viel, wie ich eigentlich möchte und bräuchte, jedoch gerade genug, um sie klug zu einzusetzen, ohne diese Gaben zu missbrauchen. Außerdem besitze ich zwar weder einen schönen, gelenkigen Körper noch die Intelligenz einer Sybille[27], bin aber mit dem, was ich habe, durchaus zufrieden und danke Gott dem Schöpfer dafür. (V. 645–662).

Die Verwandlung einer Frau in einen Mann

Was folgt, ist ein Rückblick auf sorglose Jugendjahre und ihre Heirat sowie die glücklichen Jahre mit Étienne Du Castel. Dann leitet sie erzählerisch eine Wende ein, um von den dramatischen Ereignissen berichten zu können, an deren Ende ihre wundersame Verwandlung von einer Frau in einen ›Mann‹ steht – in ein Wesen, das in lebenspraktischer und sozialer Hinsicht als ›Mann‹ agiert. Mit der Konstruktion eines solchen Wesens durchbricht die Autorin die strenge mittelalterliche Geschlechterhierarchie und erschließt sich neue Handlungsräume.

Um diese besondere Verwandlung für ihre Leser und Leserinnen noch interessanter zu gestalten und ihr eine literarische Form zu geben, tut Christine de Pizan zweierlei: Sie greift zurück auf die antike, noch im Mittelalter sehr verbreitete Metapher von der Schifffahrt als Sinnbild für das menschliche Leben – nicht zuletzt hatte der von ihr verehrte Dante in seinem *Gastmahl* (1306) wie auch in der *Göttlichen Komödie* (1321) Schiffmetaphern und Begriffe aus der Navigationstechnik verwendet.[28]

Außerdem stellt sie ihre eigene Verwandlung von einer ›Frau‹ in einen ›Mann‹ in die Tradition der *Metamorphosen* (Jahr 1–8 n. Chr.) des Ovid. Folgerichtig schickt sie deshalb dem Bericht von ihrer eigenen Verwandlung drei von Ovid übernommene Beispiele voraus, über die sie sich ihrer eigenen Lebensproblematik schrittweise nähert: Zuerst und eher flüchtig erinnert sie daran, wie Circe Odysseus und seine Gefolgschaft in Schweine verwandelt; dann bezieht sie sich auf die Geschichte von Tiresias, der von einem Mann in eine Frau und wieder zurück in einen Mann verwandelt wird, sowie schließlich auf Iphis, die als Mädchen geborene, doch als Junge verkleidete und aufgezogene Tochter eines frauenhassenden Königs, die von der Göttin Vesta im Augenblick höchster Not – einer bevorstehenden Hochzeit – in einen Jüngling verwandelt wird. Mit diesem Vorspann schafft die Autorin einen erzählerischen Echoraum für die Geschichte ihrer eigenen Verwandlung, die damit eine besondere Dignität erlangt. Doch hören wir Christine selbst.

»Hier spricht sie von einigen Wundern an Göttern, von denen Ovid berichtet.«

Bereits zu Beginn ihres *Buchs von der launischen Fortuna* hatte die Autorin ihr Hauptanliegen angekündigt: den Bericht von den Umtrieben der Schicksalsgöttin Fortuna, und zwar auch im Hinblick auf ihr eigenes, Christines Leben. Besonders neugierig dürfte sie ihre Leserschaft mit folgender Ankündigung gemacht haben:

»Um jedoch mein eigenes Anliegen klarzustellen: Ich werde darlegen, wer ich, die ich hier spreche, die auf Geheiß von Frau Fortuna von einer Frau zu einem Mann wurde, eigentlich bin. Sie verwandelte meinen Körper und mein Gesicht in den eines wirklich vollkommenen männlichen Wesens, obwohl ich zuvor eine Frau war. Doch jetzt bin ich – und das ist die Wahrheit – ein Mann, wie mein Verhalten beweist (…).« (I. Buch, 2. Kap., V. 139–148)

So entsteht ein Spannungsbogen, den die Verfasserin erst im 12. Kapitel wieder aufnimmt und mit der detaillierten Erzählung von der radikalen Veränderung ihrer Lebensumstände auflöst, nicht ohne die Geduld ihrer Leserschaft erneut zu strapazieren mit einem mythologischen Exkurs zu den drei bereits erwähnten Verwandlungen.

»Jetzt ist es an der Zeit, die traurige und überaus merkwürdige Geschichte zu erzählen, wie schon zu Beginn dieses Buchs angekündigt, dort, wo ich meinen Namen nannte: wie ich also, als ich zu Fortuna zurückkehrte, metaphorisch gesprochen, von einer Frau zu einem Mann wurde, was aber die Wahrheit nicht ausschließt. Sehr überraschend ist dies, doch weder eine Lüge noch ein Märchen.

Denn Fortuna kann sehr wohl an ihren Untergebenen die größten Wunder vollbringen. Oft verwandelt sie nach ihrem Belieben Tiere in so mächtige Herrschaften, dass alle ihnen gehorchen. Wenn sie will, kann sie sogar Ritter in Tiere verwandeln: Dies wurde offenbar, als sie vor langer Zeit den auf dem Meer segelnden Odysseus im Hafen der Circe einlaufen ließ. Als Zeichen der Freundschaft wurde seinen Rittern ein Trank gereicht, der sie jämmerlich zu Boden warf und in Schweine verwandelte.[29] Meine Herrin bereitete höchstpersönlich das Gebräu, das ihnen zum Verhängnis gereichte. Außerdem ließ sie jene gerade dort ankommen, um sie ins Unglück zu stürzen.

Auf solche für manch einen unheilvollen Dinge versteht sie sich bestens. Jeden Tag vollbringt sie ohne Unterlass viele, sogar noch größere Wunder. Dies alles ist für sie ein Kinderspiel, denn unendlich groß ist ihre Macht – wie im Fall der beiden Schlangen, von denen uns Ovid in seinem Buch berichtet, wo er von einem Mann erzählt, der durch einen Zufall zu einer Frau wird.

Diese Geschichte ging so, wie mir scheint: Dieser Mann traf eines Tages im Wald auf zwei kopulierende Schlangen, ergriff einen Stock, um sie zu erschlagen und starb dabei fast selbst. Doch ihm passierte nichts – außer, dass er sofort merkte, wie sich sein gesamter Körper veränderte: Er wurde im Handumdrehen vollständig in eine Frau verwandelt, und als eine solche erfuhr er sich jedes Mal, wenn er sich berührte. Tiresias, so hieß dieser Jüngling, war dann immer sehr überrascht.

In diesem Zustand verharrte er sieben lange Jahre, eine Zeit, während derer er spann und anderen weiblichen Tätigkeiten nachging. Am Ende dieser Zeit verschlug es ihn in den tiefen Wald, und er stieß dort, so wird berichtet, erneut auf jene beiden Schlangen. Wieder ergriff er einen Stock und sagte sich, er wolle doch einmal sehen, ob er nicht seine ursprüngliche Gestalt zurückgewinnen könne. Da traf er sie, und sofort veränderten sich seine Gesichtsfarbe und alle seine weiblichen Geschlechtsmerkmale. Ovid berichtet, dass sein Körper in den eines Mannes zurückverwandelt wurde.

Ferner erzählt er uns von einem lydischen König, der Frauen so sehr hasste, dass er seiner schwangeren Gemahlin, der Königin, die kurz vor der Geburt stand, unter Androhung der Todesstrafe befahl, sie solle, falls es ein Mädchen würde, das Kind sofort verbrennen oder im Geheimen umbringen lassen, denn er wolle auf keinen Fall eine Tochter haben. Würde es dagegen ein Sohn, so solle sie es unbedingt behalten.

Die Königin gebar ein Mädchen. Doch sie setzte dieses keineswegs einem bitteren Tod aus, denn ihr mütterlicher Instinkt bewahrte sie davor. Vielmehr ließ sie es als männliches Kind erziehen und überall verkünden, sie habe einen prächtigen Sohn geboren, was der König auch glaubte.

Das Mädchen namens Iphis (dies ist ein Name für ein Mädchen wie für einen Jungen) war wirklich wohlgestaltet an Gesicht und Körper und wuchs rasch heran. Jedoch aus Angst davor, es würde sonst von seinem Vater verstoßen und mittels männlicher Verkleidung verheimlichte die Mutter, dass Iphis in Wahrheit ein Mädchen war.

Der Vater wollte es bald verheiraten, obwohl die Mutter dagegenhielt und sagte, es sei noch zu früh. Schließlich wurde dies doch beschlossen, und sie konnte es nicht länger verhindern. Die Königin erschrickt deswegen aufs höchste, verflucht sich selbst, denn sie weiß wirklich weder aus noch ein, geschweige denn, wie sie das Mädchen verstecken könnte. Sie glaubt verflucht zu sein, weiß nicht, wie sie diese Angelegenheit länger geheim halten könnte und weint leise im Verborgenen.

Dann wendet sie sich an die Göttin Vesta, kniet im Tempel nieder, benetzt den Boden mit ihren Tränen, opfert ihr auf bloßen Knien Weihrauch und Kerzen sowie junge Kühe und Ochsen, schlägt sich an die Brust, betet zur Göttin und fleht sie in dieser Angelegenheit um Hilfe an, weil sie sonst dem Tode geweiht sei. Inständig bat sie darum, die Göttin möge ihr geneigt sein und Mitleid zeigen. Diese bewies es durch ein Zeichen. Etwas getröstet verlässt die Königin den Tempel.

Durch den König beschleunigt wird jetzt Iphis' Hochzeit vorbereitet, mit Freude und großen Festlichkeiten.

Und dann geschah dies: ein großes Wunder der Göttin. In der Nacht schenkte Vesta der Königin und ihrer Tochter Iphis große Freude, denn diese wurde zu einem Sohn dank der kundigen Göttin, die ihn von seinem Mädchenkörper befreite und in einen Jüngling verwandelte.

Hier berichtet sie, wie sie den Steuermann ihres Schiffs verlor.

Diese Wunder erzählt Ovid. Aber jetzt muss ich euch von meiner eigenen Verwandlung berichten, von mir, die ich durch die Heimsuchung durch Fortuna von einer Frau in einen Mann verwandelt wurde. Damals lebte ich noch bei Hymenäus[30], arbeitete an seinen Werken und verbrachte damit glücklich mein Leben. Aber ich vermute, Fortuna missgönnt mir meine große Ruhe, besinnt sich eines Besseren und schickt nach mir. Da war meine große Ruhe hin, Widerspruch zwecklos. Hymenaios stellt also ein gut ausgestattetes, großes und schnelles Schiff zur Verfügung. Er übergibt es meinem Kapitän und setzt meine Familie mit ihm und mir hinein, und dann, nach dem Abschied, segeln wir los, ohne weitere Verzögerung. Schnell erreichen wir das offene Meer, ohne jemals Gegenwind oder ein Unwetter gehabt zu haben, oder, wenn dies der Fall war, dann erwies mein Kapitän sich als so umsichtig, dass er es gegen alle Winde sicher zu führen verstand.

Mehrere Tage führte uns nach dem Wind der umsichtige Schiffer, der die Gestirne des Meeres zu erkennen verstand, um je nach Bedarf das Segel zu setzen und stets Kurs zu halten, ohne dass uns etwas zustieß. So kamen wir jeden Tag zügig voran.

Aber ach! Jetzt ist es an der Zeit, euch von dem meine Freude überwältigenden Kummer zu berichten, der mich in diesem Augenblick überwältigte und den ich seitdem nie mehr vergessen habe.

Wie wir also mit unserer Reise beschäftigt waren und auf dem Meer dahinsegelten, da sah ich plötzlich, wie sich der Himmel verdunkelte und sich die Wolken dermaßen verdichteten, dass wir kaum noch Sicht hatten. Als nun der Schiffer meine Sorge und meine Angst davor bemerkte, Wind oder Unwetter könnten uns jetzt plötzlich zugrunde richten, da geht er zum Heck, um die Windrichtung zu erkennen, er ruft den Matrosen Befehle zu und schickt einige von ihnen auf den Mars,[31] um die Entfernung zum Festland abzuschätzen, um, falls möglich, noch vor Ausbruch des Unwetters die offene See zu verlassen. Der eine schreit, der andere fragt, zeigt und befiehlt dem anderen, er solle die Leine ziehen und die Segel setzen, je nach Windrichtung, oder die Marssegel lockern oder das Segel mehr oder weniger straffen, je nachdem, was ihm sein Sachverstand angesichts des bereits bedrohlich aufziehenden Unwetters eingibt.

Ach! Großer Gott! Wie von dem Schmerz berichten, der mich da packt? Denn Tränen und Seufzer verwirren mein Herz und vernebeln meinen Blick, und wenn ich über das für mich so tragische Geschehen spreche, wird mein Schmerz nur noch größer!

Doch es macht keinen Sinn abzuschweifen. Als er also vom Heck des Schiffs nach vorn blickte und befahl, alle sollten geradeaus in Richtung des nahen Festlands abdrehen, da erhob sich plötzlich mit großer Geschwindigkeit ein starker, sich kreiselartig drehender Wirbelsturm, und kam näher, um das Schiff zu zerstören und mit einer solchen Kraft nach unserem guten Kapitän zu schnappen, dass dieser weit aufs Meer geschleudert wurde – da wäre ich am liebsten gestorben! Für jede Hilfe war es nun zu spät, und unser Schiff drehte sich plötzlich dermaßen, dass ich befürchtete, es ginge unter! Doch zu sterben hätte mir nichts ausgemacht, als ich die Schreie der Matrosen hörte, die sahen, wie jener über Bord ging, der das Schiff bei Tag und Nacht vor allen Gefahren und Schäden bewahrt hatte!

Als sich meine Befürchtungen bestätigten, erhob ich mich wie eine Wahnsinnige unter dem Heck, wo mich aufhielt, ging hoch und hätte mich beinahe ins Meer gestürzt, wäre ich nicht daran gehindert worden. Als Alkyone ihren über alles geliebten Keyx verlor, da sprang sie nicht schneller ins Meer, als ich es getan hätte,[32] doch wurde ich von meiner herbeigeeilten Hausgemeinschaft daran gehindert. Doch mein Herzschlag setzte fast aus. Unsere Schreie, das Heulen, die bittere Trauer, die Klagen, das Flehen um Beistand, die ich und die Meinigen ausstießen – die gesamte Atmosphäre erbebte davon. Ach! Zu Recht betrauerten wir den, in dessen Obhut wir uns befunden hatten, ein so umsichtiger Patron, dass er manch einem das Leben gerettet hatte – und mir war er ein so verlässlicher Gefährte, dass ich nie mehr einen ihm gleichen finden werde. Deshalb war es nicht erstaunlich, dass mein Schmerz jetzt, da ich ihn auf diese Weise im Meer verloren hatte, ohnegleichen war.

Ich hielt es für unmöglich, dass unser Schiff auf irgendeine Weise wieder einen sicheren Hafen ansteuern könnte, und so manches Mal sah ich es schon in jenem Unwetter untergehen. Doch die große Verzweiflung über seinen Verlust nahm mir jede Furcht – nichts konnte mich mehr schrecken. So lag ich ausgestreckt da, in Erwartung des erhofften Todes. So sehr schrie ich, dass man hätte meinen können, meine nicht verstummen wollende Stimme durchbohrte Wolken und Himmel, ich war untröstlich, denn dieser Verlust schmerzte mich maßlos. In diesem Zustand, in dem ich mich allen Tröstungen verweigerte, verharrte ich lange, ohne, ehrlich gesagt, auch nur im Geringsten darauf zu hoffen, jemals wieder Vergnügen und Freude empfinden zu können.

Mal hierhin, mal dorthin trieb unser brüchiger Kahn, alle Winde setzten ihm zu, denn es gab niemanden, der es richtig zu lenken verstand. Schon glaubte ich, für immer und ewig auf diesem Meer, das Trauer von Freude trennt, gefangen zu sein und mein ganzes Leben lang dort zu verbleiben, auf der linken Seite des Glücks, das mich zu meinem Kummer und meiner Verstörung verstoßen hatte. Aber so ging es dann doch nicht weiter, und ich habe seitdem noch so manchen Schritt auf dieser Erde gemacht. Um es kurz zu machen: So heftig war meine Trauer, so sehr weinte ich mir die Augen aus, dass sogar Frau Fortuna Mitleid angesichts meines Unglücks verspürte und mir als gute Herrin einen Freundschaftsdienst erweisen und beistehen wollte in meiner Verzweiflung. Aber ihr Beistand war schon sehr merkwürdig, und ich weiß nicht, ob er nicht sogar noch gefährlicher war.

Eines Tages, erschöpft, gebrochen und wie erstarrt vom langen Weinen, schlief ich am Nachmittag ein. Da näherte sich mir meine Herrin, sie, die so manch einem jede Freude vergällt, und berührte meinen gesamten Körper: Sehr wohl erinnere ich mich daran, jedes einzelne Glied betastete sie und nahm es in die Hand. Daraufhin verschwand sie, und ich blieb zurück. Und weil unser Schiff den Wellen des Meeres ausgesetzt war, schlug es gegen einen Felsen. Da erwachte ich und fühlte mich sogleich und mit absoluter Sicherheit vollständig verwandelt: Meine Glieder, das spürte ich, waren viel kräftiger als zuvor. Schwächer geworden waren jene tiefe Trauer und der Kummer, in denen ich zuvor befangen war. Höchst verblüfft berührte ich mich. Wenn Frau Fortuna mich auf diese Weise verwandelt hatte, hasste sie mich also nicht, denn plötzlich wichen die Todesangst und die Furcht, die mir so sehr zu schaffen gemacht hatten. Ich fühlte mich auf einmal viel leichter als sonst, mein Gesicht war anders und markanter, meine Stimme viel lauter, mein Körper straffer und beweglicher. Nur war von meinem Finger der Ring abgefallen, ein Geschenk des Hymenäus. Dies schmerzte mich zu Recht ungemein, denn ich hatte ihn sehr geliebt. Mit Leichtigkeit erhob ich mich, ich war nicht länger gefangen in der Trägheit der Tränen, die meine Verzweiflung nur noch verstärkt hatten. Nun besaß ich ein starkes, kühnes Herz – was mich überraschte – aber ich spürte: Wahrhaftig, ich war ein Mann geworden! So stand ich da, verblüfft angesichts dieses Abenteuers. Zufällig blickte ich auf und sah die zerstörten Segel und Masten, denn das starke Unwetter hatte die Takelage wie auch die Toppsegel beschädigt. Schwer ramponiert und zersprungen war unser Schiff, Wasser drang mit aller Macht ein, und es war schon so damit angefüllt und drohte unterzugehen, wäre es nicht auf Felsen aufgelaufen. Als ich es in so großer Gefahr sah, legte ich selbst Hand an, um es zu reparieren. Mit Leim und Nägeln fügte ich die Planken wieder zusammen, rupfte große Mengen Moos von den Klippen, um damit die Ritzen zu verstopfen, bis das Schiff hinreichend abgedichtet war, und fügte die defekten Außenteile wieder zusammen. Rasch ließ ich den Laderaum leeren und lernte, mich der Navigationsinstrumente zu bedienen. Auch wenn dies nicht sofort klappte, so gelang es mir schließlich doch. Ich wurde ein guter Kapitän, und das war auch notwendig, um mich und meine Familie zu retten, wenn wir dort nicht sterben wollten.

Jetzt war ich wirklich und wahrhaftig ein Mann geworden, dazu fähig, Schiffe zu steuern. Dieses Handwerk lehrte mich Frau Fortuna, und wie ihr hört, habe ich mich damit abgefunden. Noch immer, schon seit geschlagenen dreizehn Jahren, bin ich ein Mann, aber in Wirklichkeit wäre ich lieber eine Frau geblieben wie damals, als ich noch mit Hymenäus sprach! Aber da Fortuna mir dies genommen hat, werde ich nie mehr dort leben können, sondern ein Mann bleiben im Dienst meiner Herrin, obwohl ich dort viele Härten erlebte, die mir sehr zugesetzt haben. Trotzdem muss ich bis zum Ende meines Lebens dort verharren. Möge mich Gott zum Heil meiner Seele aus dieser Knechtschaft befreien!

Ich manövrierte mich aus jenen Klippen heraus und lenkte mein Schiff erneut dorthin, von wo ich zu Beginn dieser Partie aufgebrochen war und wo meine Herrin wohnte.«

Christine de Pizan in ihrer Studierstube
beim Verfassen der *Advision Cristine*

II. CHRISTINES VISION (1405): VOLLENDUNG DES AUTOBIOGRAFISCHEN PROJEKTS

Entstehung und Überlieferung

Christines Vision, entstanden ein Jahr nach dem *Buch von der Stadt der Frauen,* ist ein sehr besonderer Text, und dies in verschiedener Hinsicht: Christine de Pizan verfasst mit diesem in drei Teile gegliederten Prosatraktat ein eminent politisches Buch und – im ersten Teil – eine Art mittelalterlicher *Science Fiction*. Zugleich lesen wir in Teil III einen Bericht ihres eigenen Lebens. Sie verfasst damit etwas, was man heute als eine »Autosoziobiografie« oder »Autoethnografie« bezeichnen würde, Texte, in denen »das Autor-Ich [...] zum unverzichtbaren Nadelöhr [wird], durch das sich alles hindurchzwängen muss«.[33]

Hier geht es um ihre Herkunft und ihre italienische Ursprungsfamilie und dann vor allem sehr detailliert um die Krisenjahre von 1390 bis 1405. Dieser Bericht entfaltet sich zunächst als eine Klage in Form eines immer wieder neu ansetzenden Monologs. Die Frage nach dem ›Sinn‹ ihres Leidens und nach dem »Warum gerade ich?« steht dann im Zentrum eines sich anschließenden Dialogs mit »Frau Philosophie« – und lässt eine überdeutliche Nähe zum Buch Hiob erkennen, zu der alttestamentarischen Geschichte des frommen und gerechten Hiob, dem unvermutet großes Unglück widerfährt, der jedoch deswegen nicht mit seinem Gott hadert und dafür am Ende von diesem reich belohnt wird.[34]

Warum Christine de Pizan diesen dreiteiligen Traktat verfasst, wissen wir nicht. *Christines Vision* ist ein Buch über den Zustand Frankreichs um 1405, der sie bekümmert, aber sie verfasst ihre Vision nicht vorrangig in der Absicht, diejenigen aufzurütteln, die an den Schaltstellen der politischen Macht sind und um Veränderungen einzuleiten. Dies tut sie mit anderen, kürzeren, flugschriftähnlichen Texten, in denen sie offen das Wort ergreift und die politischen Machthaber zum Handeln aufruft. Hier greift sie wie andere ihrer Zeitgenossen auf die Gattung einer (politischen) Traumvision zurück, in der verschiedene Allegorien auftreten. Dies ist eine seit dem *Rosenroman* (13. Jahrhundert) extrem beliebte literarische Form, die im Fall einer politischen Vision zudem den Vorteil hat, den Verfasser oder die Verfasserin vor möglichen Verfolgungen zu schützen.

Christines Vision ist, anders als ihre 1405 abgeschlossene große Biografie von Charles V., kein Auftragswerk, und die heute erhaltene kleine Anzahl von drei Handschriften[35] lässt auf eine begrenzte Verbreitung schließen. Die Autorin selbst wirkt mit einem anderen Kopisten an allen drei Abschriften mit bzw. übernimmt zwei davon und hinterlässt nicht nur handschriftliche Korrekturen und Randnotizen, sondern auch die für sie als Kopistin so typischen verspielten Buchstaben-Verzierungen und Mini-Banderolen, mit denen sie ihren Abschriften eine kleine persönliche Note gibt.

Sie vermittelt vor allem im ersten Teil ein dunkles und absichtlich verdunkeltes Bild der Verhältnisse in Frankreich. Erzählt wird hier von einer im Traum gemachten Reise in ein »düsteres Land«, von Begegnungen mit den allegorischen Figuren »Chaos«, »Natur« und einer »gekrönten Frau« namens »Libera« (Frankreich). Deren Klage lauscht die Textfigur Christine – als eine privilegierte und von »der gekrönten Frau« geschätzte Person. Libera spricht sie an als ihre »Freundin, der Gott und Frau Natur – jenseits des gewöhnlichen weiblichen Stands – die Gabe der Lust des Studiums geschenkt haben« und fordert sie auf, »Pergament, Tinte und eine Feder bereitzulegen« (S.16), denn sie wolle sich ihr, Christine, anvertrauen. Was folgt, ist die bittere Klage der Libera und die Begegnung mit diversen Horrorgestalten – wie z.B. der Allegorie von Geiz in Gestalt eines alten Weibs, das mit seinen überdimensionierten Händen überall und von jedem Geld abzieht und seine blutigen Krallen bereits nach der zu Tode erschreckten Christine ausstreckt, die sich an ihre Erfahrungen mit diesem Wesen erinnert.[36]

Einige ihrer Mäzene und Mäzeninnen müssen solche Verständnisschwierigkeiten bei der Lektüre der *Vision* gehabt haben, dass sie die Autorin aufgefordert haben zu erklären, was sie eigentlich meint. Aus diesem Grund fügt sie einer der Abschriften der *Vision*, dem Ms. ex-Phillipps 128, eine mehrseitige Erklärung, eine Lesehilfe in Form einer sog. »Glosse« hinzu.[37] Das erste Buch von *Christines Vision* wird damit zwar ein wenig verständlicher, seine Lektüre ist indes noch immer nicht wirklich einfach.

Im zweiten Teil spricht die Autorin von »Frau Meinung und ihren Schatten«, von der sich die fiktive Christine ebenfalls in ein langes Gespräch über die Philosophie und Philosophen,[38] aber auch über ihr eigenes Werk und ihren Nachruhm verwickeln lässt. Diese »Figur der Frau Meinung, ein Schatten, der sich aus einer Unzahl anderer Schatten zusammensetzt, ist eine der kühnsten Schöpfungen Christines« und »schreibt sich in die Tradition des Platonismus ein.«[39] Wir lassen diese komplexe Figur hier jedoch beiseite, um uns dem Dritten Buch von *Christines Vision* zuzuwenden, in das die Autorin die langen, hier übersetzten autobiografischen Passagen einfügt. Sie werden in einem Dialog mit Frau Philosophie entwickelt und bilden den Höhepunkt des gesamten Buchs.

Nachdem die Erzählerin Christine erläutert hat, wo und wie sie auf Frau Philosophie trifft (Kap. I+II), geht sie zu ihrer eigenen Klage, ihrer *complainte*, über (Kap. III–XIV). Eingefügt in diese ist der Bericht von dem Wendepunkt in Christines Leben – die Entwicklung zur Schriftstellerin und die Hinwendung zu einer neuen Lebensform, einem zurückgezogenen Leben in selbstgewählter Einsamkeit, in der Stadt Paris (Kap. VIII–XI). Bevor jedoch Frau Philosophie in langen Monologen das Wort ergreift, um die Dinge zurechtzurücken und ihnen eine neue Deutung zu geben (Kap. XV–XXVI), bringt Christine in Kap. XII–XIV weitere Klagen vor. Am Ende dieses Dritten Buchs überlässt sie dann nicht der Philosophie das letzte Wort, sondern spricht selbst das Schlusswort (Kap. XXVII).

Die klagende Christine – ein Hiob in weiblicher Gestalt?

Diese Vorgänge – die Klagen, ihre ›Zurechtrückung‹ durch eine neutrale Instanz und die neue Sicht auf ihr Leben durch das Individuum Christine – können aus der Optik des 21. Jahrhunderts als verschiedene Schritte einer (langsam gelingenden) Therapie gelesen werden: Auf das lange und detaillierte Sich-Aussprechen und die bitteren Klagen Christines über die ihr vom Leben zugefügten Ungerechtigkeiten folgt die ratiogesteuerte Einordnung und Relativierung des Erfahrenen durch Frau Philosophie und die Gewinnung eines neuen Lebens durch die Therapierte selbst. Doch natürlich kann dieser Prozess auch ganz anders gedeutet werden.

Wie bei allen Büchern, so gehen auch in *Christines Vision* die Erinnerungen an und Verweise auf eine große Zahl Bücher ein. Von Boethius' *Trost der Philosophie* war hier bereits die Rede. Ebenso wichtig, vielleicht sogar noch wichtiger, ist das gerade im Spätmittelalter mit seinen existenzbedrohenden Krisen besonders präsente und vielzitierte alttestamentarische Buch Hiob, das als Intertext in Christines gesamten Klage präsent ist,[40] und zuweilen sogar überdeutlich durchscheint. Die Figur des Hiob wird zudem mehrfach erwähnt.[41]

Christine parallelisiert ihr persönliches Schicksal mit dem Schicksal Hiobs, und wie Gott Hiob (in Hi 38,2–3) zurechtweist, so kritisiert die ›Therapeutin‹ Frau Philosophie – die im Übrigen an einer Stelle mit Gott gleichgesetzt wird[42] – wiederholt und deutlich in Kap. XV Christine als »verblendetes Wesen« und »Undankbare« und tadelt ihre »hitzige Narrheit und [ihr] Unwissen« oder ihre »übergroße Verwöhntheit und Verzärtelung«. Jedoch tritt an die Stelle von Hiobs staunender Hingabe an Gott hier die Aufforderung zum Selbstdenken (Kap. XV) sowie immer wieder der Hinweis auf die Bedeutung von Vernunft und auf die reale »Erfahrung vieler Dinge« als kostbares Gut (Kap. XVII). In diesen Zusammenhang gehören auch die wiederholten Hinweise auf das Glück, über einen unversehrten, starken und ›verlässlichen‹ Körper zu verfügen.[43] Damit entwirft die Autorin eine moderne Nachfolgerin der alttestamentarischen Figur und ›erdet‹ gewissermaßen die Figur des Hiob. Hier bezieht sie ihren Trost und ihre Widerstandskraft nicht aus der Gnade Gottes und dessen Gaben, sondern aus dem Vertrauen in das Ich und seine

Möglichkeiten, den Kampf gegen die Widrigkeiten der irdischen Welt mit Hilfe von Ratio und Empirie zu gewinnen.

Will man noch einen – vorsichtigen, aber nicht waghalsigen – Schritt weitergehen, so stellt man fest, dass sich bei Christine de Pizan trotz aller Vertrautheit mit spätscholastischer Philosophie und den Schriften der Kirchenväter neues Gedankengut den Weg bricht. In ihrem Denken – und zwar nicht nur in diesem Werk – werden Ratio und Empirie immer wichtiger, bilden eine Einheit, kündigen neue Möglichkeiten des Weltverständnisses an. In *Christines Vision* wird außerdem ein weibliches Ich, das »Ich, Christine«, gezeigt – in seinen Kämpfen mit den Widrigkeiten des Lebens im Frankreich zur Zeit des Hundertjährigen Kriegs und der Krisen des Spätmittelalters. Diese Kämpfe verlaufen nicht ohne Verletzungen. Nicht immer geht das weibliche Individuum aus ihnen siegreich und ohne Verluste hervor. So zwangsverwandelt es sich zuweilen in ein männliches Wesen, um effizienter agieren zu können – als Vorstand und Versorger einer größeren *familia* im Kampf um sein Recht.

Erkennbar wird in den einzigartigen autobiografischen Texten der Christine de Pizan aber auch ein anderer, zukunftsweisender Weg aus der individuellen Krise. Dieser besteht in der Gewinnung eines neuen weiblichen Ich, dem es gelingt, in selbstgewählter Einsamkeit seiner eigentlichen Bestimmung zu folgen: der »süßen Lust des Studierens« und des Schreibens. Dies alles macht Christine de Pizan zu einer prä- modernen Figur auf der Schwelle zum Humanismus.

I HIER BEGINNT DER DRITTE UND LETZTE TEIL VON *CHRISTINES VISION.*

Bevor die Erzählerin-Protagonistin Christine mit ihrem Lebensbericht in Form einer Klage und dem Dialog mit Frau Philosophie beginnt, beschreibt sie, wie sie Letztere in deren »Kloster« aufsucht, wo sie von einer Äbtissin-Sekretärin durch alle Stockwerke geführt wird und dort die »Schätze der Kassetten« des Wissens bewundert. Sie kann allerdings nur kleine Bruchstücke davon in ihrer Schürze bergen und mitnehmen. Nachdem sie im obersten Geschoss dieses Wissens-Gebäudes angekommen ist, betritt sie einen

»überaus schönen hellen Saal, erleuchtet und in zarten Farben üppig bemalt, auf dessen Wänden alle Wissenschaften und ihre Nachbarwissenschaften dargestellt waren. Und überall in jenem Saal gab es Bänke für die Scholaren, die dort den von einem hohen und zierlich gedrechselten Katheder gehaltenen Vorlesungen der Meister lauschten. Ich, die ich glücklich war, zu einem so schönen Ort gekommen zu sein, erfreute mich an den kostbaren und lebendig wirkenden Porträts, hergestellt von geschickten Handwerkern.«[44]

Doch plötzlich entdeckt sie »eine fein gearbeitete, fest verschlossene, zugesperrte kleine Elfenbeinpforte« (ebenda). Durch diese Tür hindurch nach draußen dringen das Geräusch einer Bewegung sowie »verschiedene sanfte, wohlklingende Frauenstimmen«. Die Tür öffnet sich – und ein starkes Licht blendet *Christine* so sehr, dass sie zu erblinden glaubt und sich sogleich auf der Schwelle niederwirft – bis aus der Ferne eine angenehme Frauenstimme sie bei ihrem Namen nennt und freundlich anspricht als ihre »treue Dienerin«. *Christine* erblickt neun weibliche, »sternengleich leuchtende Lichtgestalten« und, noch immer geblendet und überwältigt, bittet sie die ferne Stimme ihrer »verehrungswürdigen Herrin«, sich ihr zu erkennen zu geben. Daraufhin offenbart diese sich der staunenden, noch immer nicht klarsehenden *Christine* als *Frau Philosophie* und verspricht ihr, ähnlich wie sie dies »ihrem teuren Freund Boethius«[45] in höchster Not gewährt habe, Trost und Heilung von ihrem Leid.

II WAS CHRISTINE ZU FRAU PHILOSOPHIE SAGT

Als ich auf diese Weise die verehrungswürdige Göttin, die sich mir durch diese Worte und Zeichen zu erkennen gab, sprechen hörte, da warf ich mich auf die Knie und sprach: »Oh über die Maßen ruhmreiche Weisheit, Ursprung jeglicher Erkenntnis, von ganzem Herzen danke ich Gott und dir, die mich so liebenswürdigerweise deiner Bekanntschaft als würdig erachtet hast und mich nicht verachtest, eine unwissende Frau, die es nicht verdient, die Bänder deines Schuhwerks zu lösen,[46] sondern mich zu dir riefest als äußerst liebenswürdige Herrin, deren Wohlwollen dafür steht, dass du mir, deiner Magd, nicht die für ihre Nahrung erforderlichen winzigen Krumen der Überreste deiner Mahlzeit verweigern wirst.[47] Denn da du mich genährt hast mit der Milch deiner Brust und den köstlichen Speisen deines über alles geliebten zuvor erwähnten Sohnes, der dich über die Maßen verehrte und liebte, vergaßest du ihn auch in der Zeit seiner größten Not nicht, ebenso wenig wie andere deiner Kinder.

Ebenso nehme ich an, dass du mich, deine getreue Dienerin, die du mit den Resten des fetten Fleisches deiner Tafel genährt hast, nicht vergessen wirst, sondern ein stärkendes Heilmittel bereithältst für die ihr durch ihre unglücklichen Geschicke zugefügten Verwundungen. Denn ich glaube, Gott der Heilige Geist, Vater und wahre Stütze der Armen, hat mich aus diesem Grund zum Ziel deiner Erkenntnis geführt, weil er um die Schwere meiner Leiden weiß, für die mir von keinem menschlichen Wesen Trost gespendet wurde. Und da meine schon erwähnten unglücklichen Geschicke von mir gut versteckt und vor den in der Welt lebenden nicht enthüllt, sondern sorgfältig verborgen wurden, weil möglicherweise diese Unbarmherzigen darüber verächtlich gespottet hätten angesichts meiner Nöte, ohne mir in irgendeiner Weise zu helfen, offenbare ich dir, himmlisches Wissen, fern von den Gemeinheiten hienieden und wahre Ärztin, die Wehklagen meiner Gedanken, in der Hoffnung, dass deine Güte die demütige Stimme ihrer Dienerin nicht verachte und du ein Heilmittel verordnen wirst gegen den Ruin meiner Hoffnung. Sie wurde niedergemacht durch Frau Fortunas Attacke, deren Hass ich mir seit meiner Kindheit auf mancherlei Art und Weise zugezogen habe, auch wenn sie mir oft ihr helles Gesicht gezeigt hat. Aber sobald ich mich zu freuen glaubte, verhüllte sie es blitzschnell hinter ihrer dunklen Wolke.«

III CHRISTINES BEI FRAU PHILOSOPHIE VORGETRAGENE KLAGE

»Hochverehrte Herrin, ich entbiete dir Gehorsam angesichts deiner Hoheit, wie es sich schickt für eine Magd. Möge dich der Bericht meiner detailliert erzählten Geschicke nicht langweilen und mögest du die Hilfe deines Rates beisteuern, um meiner gedanklichen Mittelmäßigkeit abzuhelfen. Bedenke bitte, oh hohe Frau, dass die launische Fortuna, wie schon berichtet, mir seit meiner frühesten Kindheit immer schon eine bitterböse Stiefmutter gewesen ist.

Geboren bin ich von Eltern vornehmer Herkunft in dem Land Italien und der Stadt Venedig – wo mein Vater aus Bologna der Fetten,[48] wo ich später aufwuchs, sich anschickte, meine dort geborene

Mutter zu ehelichen. Dies geschah, weil er seit langem meinen Großvater kannte, einen diplomierten Gelehrten und Doktoren aus der Stadt Forlì, der als Rat im Dienst meiner Geburtsstadt stand; dank dieser verwandtschaftlichen Beziehungen bekam mein besagter Vater Kontakt zu den Venezianern. Wegen der Kompetenz und des Ansehens seiner Wissenschaft wurde er ebenfalls in Dienst genommen als Rat der Regierung von Venedig, wo er eine Zeit lang in großen Ehren lebte, versehen mit Reichtümern und hohen Einkünften.

Jetzt sag' an, war es denn etwa nicht Frau Fortuna, die zu jener Zeit, schon bald nach meiner Geburt, meinen Vater aus gewissen Gründen und zwecks Begehung seiner Besitzungen dazu veranlasste, sich in das schon erwähnte fette Bologna zu begeben? Dort erreichten ihn sofort und genau zur gleichen Zeit Briefe und Botschaften von zwei illustren Königen, die ihn wegen seines Rufs als große wissenschaftliche Autorität einluden und ihn baten – jeder von ihnen versprach seinerseits üppige Gehälter und Einkünfte –, er möge zu ihm kommen. Der eine war der größte aller christlichen Könige, Karl der Weise, der Fünfte seines Namens; der andere der König von Ungarn, dem als Folge seines Verdienstes und seiner Vortrefflichkeit später ein solch ehrender Ruf blieb, dass man ihn den ›guten König von Ungarn‹ nennt.[49]

Da das Prestige dieser Botschaften wegen der Majestät jener Fürsten nicht zu vernachlässigen war, beschloss mein Vater damals, eine dieser Parteien zu erhören, das heißt: den Würdigsten. Hinzu kam sein Wunsch, die intellektuellen Zentren von Paris und die Großartigkeit des französischen Königshofs mit eigenen Augen zu sehen und deshalb dem König von Frankreich den Zuschlag zu geben. Insgeheim hoffte er, eine Weile bei diesem König bleiben, dessen Befehlen gehorchen, die erwähnten geistigen Zentren aufsuchen und nach Ablauf eines Jahres zu Frau und Familie zurückkehren zu können. Ihnen befahl er, auf seinen Besitzungen und Erbgütern von Bologna der Fetten zurückzubleiben.

Nachdem alle diese Angelegenheiten erledigt und angeordnet waren, brach er mit Erlaubnis der venezianischen Regierung nach Frankreich auf, wo er von jenem König Charles mit großer Pracht und hohen Ehren empfangen wurde. Sobald dieser die Fundiertheit von dessen Wissen und Wissenschaft erkannt hatte, ernannt er ihn zu seinem Geheimen Rat, zu seinem hochgeschätzten Vertrauten. So angenehm wurde dieser dem König, dass mein Vater nach Ablauf eines Jahres nicht mehr fortgehen konnte, denn dies wollte der besagte König auf keinen Fall und setzte vielmehr alles daran, um mit seinen Mitteln und auf seine Kosten nach dessen Frau, Kindern und Familie schicken zu lassen, damit diese ihr Leben für immer in seiner Nähe und in Frankreich verbrächten. Dafür versprach er Besitztümer, Einkünfte und Pensionen, damit sie in allen Ehren standesgemäß würden leben können. Dennoch musste mein besagter Vater, der noch immer auf eine Heimkehr hoffte und diese Angelegenheit drei Jahre lang hinauszögerte, am Ende doch klein beigeben, damit dies geschähe. Auf diese Weise, wie gesagt, erfolgte unser Umzug von Italien nach Frankreich.

Mit großem Pomp wurden die Frau und die Kinder deines geliebten Philosophen Meister Tommaso, meines Vaters, bei ihrer Ankunft in Paris empfangen. Der gnädige, gütige und weise König wollte sie, die noch ihre reich verzierten, kostbaren lombardischen Gewänder trugen, wie sie sich schicken für Frauen und Kindern von Stand, schon bald nach ihrer Ankunft sehen und in Freuden empfangen. Im Dezember weilte der König im Schloss Louvre zu Paris anlässlich der öffentlichen Vorstellung der besagten Familie, umgeben von den sie begleitenden vortrefflichen, ehrenwerten Verwandten, und er empfing Tommasos Frau und Familie mit großer Freude und großen Geschenken.«

IV CHRISTINE BERICHTET VON IHREN GLÜCKLICHEN GESCHICKEN.

»Zu Lebzeiten des guten, weisen Königs Charles war uns Frau Fortuna äußerst wohlgesonnen, und neben

Der gelehrte König Charles V. in seinem *studiolo*.

den anderen Herrlichkeiten des Wohlstands wurde mir ein fruchtbares, freudvolles Eheleben zuteil. Da es für jeden treuen Untertanen eine legitime Freude ist, den Wohlstand seines guten Herrn zu sehen, wuchs (gelobt sei Gott), weil er mehrere Eroberungen und Siege über des Königs Feinde ermöglichte, seit Eintritt meines Vaters in den Dienst des Königs – der teilweise sogar in Kriegszeiten von seinem weisen astrologischen Rat regiert wurde – der Wert von dessen Besitzungen immer mehr an.

Um die Wahrheit dieser Dinge zu gewährleisten, beziehe ich mich auf noch lebende Fürsten und andere Zeitgenossen, die dies wissen. Das Wohlergehen des Fürsten war die größte Freude seines zuvor genannten treuen Dieners. Und obwohl nach den Gepflogenheiten der Philosophen mein Vater nichts zurücklegte, weder Geld noch Besitztümer – was ich, trotz allem Respekt, bei verheirateten Männern nicht gut finde, in deren Hand zwangsläufig die Sorge um ihren Haushalt liegt, der wegen ihrer Verschwendungssucht nach ihrem Tod in eine Notlage geraten kann –, sorgte der gute König dennoch dafür, dass es dem Haus seines werten Dieners trotz dessen gewohnter Freigiebigkeit an nichts fehlte.

Um zu jenem Moment der Ereignisse meines Lebens zu gelangen: Die Zeit kam, dass ich mich, trotz meiner großen Jugend, dem Alter näherte, in dem man junge Mädchen mit einem Mann zu versehen pflegt. Obgleich so manche um meine Hand anhielten – Ritter, andere Adlige, reiche Kleriker –, und diese Wahrheit möge bitte nicht als Prahlerei betrachtet werden, denn das war zurückzuführen auf die Autorität der Ehre und der großen Zuneigung, die der König meinem Vater erwies, und nicht auf meinen eigenen Wert. Doch mein Vater sah den als passender an, der über mehr Wissen, gepaart mit gutem Benehmen, verfügte, und so zog er einen jungen graduierten Scholaren in Betracht. Dieser war aus gutem Hause, von adligen Eltern aus der Picardie, und seine guten Eigenschaften waren üppiger als sein Reichtum. Ihm, den er als seinen eigenen Sohn betrachtete, wurde ich zur Frau gegeben. In diesem Fall beklage ich mich nicht bei Frau Fortuna, denn, wie ich es ein anderes Mal gesagt habe, ich hätte unter allen schätzenswerten Eigenschaften und zu meinem Gefallen wirklich keinen besseren wählen können. Um diesen finanziell abzusichern, verlieh ihm kurze Zeit später unser oben genannter guter Fürst, der ihn schätzte, das frei gewordene Amt des Notars und persönlichen Sekretärs, mit Zuwendungen und Entlohnungen, und behielt ihn als hochgeschätzten Diener an seinem Hof.

V CHRISTINE BEGINNT, VON IHREN UNGLÜCKLICHEN GESCHICKEN ZU SPRECHEN.

So dauerte dieses gute Leben mehrere Jahre an. Aber da besagte Frau Fortuna sich neidisch im Hinblick auf unsere Ehrungen zeigt, wollte sie die Quelle ihres Ursprungs austrocknen. Und war es nicht wahrhaftig durch ihre Schuld, teure Herrin, dass diesem Königreich der schwere Schaden zugefügt wurde, der üble Auswirkungen auf die Großfamilie von Meister Tommaso hatte? Dies geschah, als der überaus gute, weise Fürst, der nicht gealtert war durch den Lauf der Natur, sondern mit 44 Jahren noch recht jung nach ziemlich kurzer Krankheit verstarb.[50] Ach! Wirklich, wie oft sind gute Dinge nur von kurzer Dauer. Denn sogar noch am heutigen Tag wäre er eigentlich gar nicht so alt, hätte es Gott gefallen, das für dieses Königreich – dessen Regierung und Gesamtzustand jetzt sehr viel schlechter als damals sind – so überaus notwendige Leben länger dauern zu lassen.

Jetzt aber öffnete sich die Pforte zu unserem Unglück und ich, die ich noch sehr jung war, wurde hineingestoßen. Und wie es sich gewöhnlich mit mächtigen Männern verhält: Sobald sie ihren Mund für immer geschlossen haben, beginnt eine gewaltige Umwälzung und ein radikaler Wandel ihrer Höfe und Häuser, verursacht durch unterschiedliche, widerstrebende Absichten. Dies kann kaum anders sein, es sei denn, große Weisheit verhindert dies, wie es nach den Schriften das Beispiel Alexanders des Großen zeigt, wenn man an die verschiedenen Streitigkeiten denkt, die, trotz der Aufteilungen der Gebiete, die er für sie abgesteckt hatte, nach seinem Tod unter seinen Heerführern ausbrachen –, jetzt fehlten meinem Vater also seine großzügigen Zuwendungen. Er bekam nicht mehr wie gewöhnlich hundert Franken pro Monat, verlässlich ausgezahlt, mit seinen Pachtsummen und Gaben, die kaum weniger wert waren. Und die Hoffnung, dass besagter guter König ihm und seinen Erben versprochen hatte, ihnen 500 Stück Land und hinreichend andere Güter zuzuteilen, ein Versprechen, das jedoch, weil der gute König nicht mehr daran erinnert worden und vorzeitig gestorben war, nicht in die Tat umgesetzt wurde, obwohl er mit stark reduzierten und schlecht bezahlten Zuwendungen von den regierenden Fürsten weiterhin in Dienst genommen wurde. Jetzt war bereits sein Alter angebrochen, und kurze Zeit später verfiel er in einen langen Schwächezustand mit einer Krankheit, die manche Leiden mit sich brachte, für deren Linderung er die ausgegebenen Mittel hätte beiseitelegen müssen. Deshalb ist es meiner Meinung nach sinnvoll, in der Jugend zu sparen, weil es dem Menschen im Alter hilft.

Mein Vater, bis zum Ende im Vollbesitz seiner geistigen Kräfte und in großer Dankbarkeit für seinen Schöpfer, wie es sich für einen guten Katholiken gehört, verstarb zu genau jener Stunde, die er selbst vorhergesagt hatte, weswegen ihm unter den Gelehrten der Ruf blieb, dass es in seiner Zeit seit mehr als hundert Jahren keinen Mann mit einer so umfassenden Kenntnis der mathematischen Wissenschaften und der Astrologie gegeben hatte. Außerdem bei den Fürsten und denen, die mit ihm verkehrten, der wahre Ruhm seiner Redlichkeit, seiner Wohltaten, seiner Treue, Wahrhaftigkeit und anderer Tugenden sowie nichts, was ihm vorzuwerfen gewesen wäre, all dies ließ seinen Tod beklagen und sein Leben betrauern, an dem nichts zu tadeln war, außer – da er Frau und Kinder hatte – seine übergroße Freigiebigkeit, wegen derer er nichts von seinem Besitz den Armen verweigerte. Dass ich das nicht aus Gefälligkeit sage, von dieser Wahrheit sind noch bis zum heutigen Tag viele seiner Vertrauten, Fürsten und andere, aus Erfahrung überzeugt. Deshalb wurde ein solcher Mensch zu Recht von den Seinen beklagt und beweint.

VI NOCH VON DEM GLEICHEN

Nun war mein Mann als Vorstand des Hauses verblieben, ein junger, kluger und umsichtiger Edelmann, hochgeschätzt von den Fürsten und allen Menschen, die in seiner Amtsstube ein- und ausgingen. Durch ihn, dank seiner weisen Umsicht, wurde der Lebensstandard der genannten Familie aufrechterhalten. Aber da Fortuna mich bereits unten auf ihrem Rad platziert hatte, bereit für das Unglück, das sie mir zuteilen wollte, um mich ganz nach unten abstürzen zu lassen, konnte sie nicht dulden, dass dieser äußerst Gütige mir noch etwas am Leben blieb. Als er sich in der Blütezeit seines Lebens befand, fähig und bereit, als er sich gerade anschickte, sowohl in der Wissenschaft wie auch durch weises und umsichtiges Vorgehen und Verhalten bis nach oben aufzusteigen, da entriss sie ihn mir in der Blüte seiner Jahre, das heißt im Alter von 34 Jahren; und ich mit 25 blieb zurück mit der Bürde von drei kleinen Kindern und einem großen Hauswesen. Zu Recht erfüllte mich große Bitterkeit, und ich beklagte den Verlust seiner süßen Gegenwart und des vergangenen Glücks, das gerade einmal zehn Jahre gedauert hatte. Als ich diese Flut von Qual auf mich zukommen sah, wünschte ich mir, eher zu sterben als weiterzuleben. Eingedenk der ihm gelobten ehelichen Treue und Liebe traf ich dann die klare Entscheidung, nie einen anderen Ehemann zu nehmen.

Nun war ich also hinabgestürzt in das Tal der Qualen. Da ich in der Todesstunde nicht an der Seite meines Mannes war, der sich im Gefolge des Königs in Beauvais aufhielt und dort völlig überraschend das Opfer einer sich rasch ausbreitenden Epidemie wurde – immerhin, Gott sei Dank, war sein Ende das eines guten Katholiken – und er nur von seiner Dienerschaft und fremdem Gefolge begleitet war, konnte ich nichts über den genauen Stand seines Vermögens in Erfahrung bringen. Denn leider ist es gemeinhin nicht üblich, dass Ehemänner ihre Frauen in alle ihre Geschäfte einweihen. Ich weiß aus eigener Erfahrung, dass diese Regelung – die bei klugen, umsichtigen Ehefrauen völlig unsinnig ist – schlimme Folgen haben kann, und ich weiß noch sehr wohl, dass ich mir keine Klarheit über alles, was er besaß, verschaffen konnte.

Jetzt musste ich plötzlich selbst Hand anlegen, ich, die Verwöhnte und Behütete, die dies alles nicht gelernt hatte. Notgedrungen wurde ich nun die Lenkerin des herrenlosen, heftigen Stürmen ausgesetzten Schiffs, will sagen: der verwaisten Großfamilie, die zudem an einem fremden Ort im Ausland lebte.

Von überall bedrängten mich Ängste. Streitfälle und Prozesse, das tägliche Brot der Witwen, setzten mir von allen Seiten zu. Diejenigen, die mir Geld schuldeten, griffen mich an, damit ich nicht wagte, meine Forderungen zu stellen. Und Gott weiß, es ist wahr, dass jemand, der Geld von mir verlangte, dank des Ausgabenbuchs meines Mannes, eines Ehrenmannes, des Betrugs und der erlogenen Forderung überführt wurde, weil die Schulden bereits getilgt waren; er war deshalb zerknirscht und traute sich weder etwas zu sagen noch seine Lüge aufrechtzuerhalten. Schon bald wurde mir eine von meinem Mann gekaufte Besitzung verweigert, und da diese an den König zurückgegangen war, sah ich mich gezwungen, auch noch Abgaben dafür zu bezahlen, obwohl ich keinerlei Nutzen von diesem Besitz hatte! Vom Rechnungshof wurde ich in einen langen Prozess verwickelt gegen eines seiner erbarmungslosen Angehörigen, der noch immer zu dessen hochgestellten Persönlichkeiten gehört, gegen den ich mich nicht durchsetzen konnte. Durch ihn erlitt ich zu Unrecht einen gewaltigen Schaden; dass dies wahr ist, das wissen viele. Und noch immer bekümmert es ihn, jetzt gealtert im Stand der Sünde, nicht im Geringsten, und er schert er sich nicht darum.

Doch dies war nicht die einzige Pest. Ich hatte nämlich angeordnet, das Geld meiner kleinen Waisenkinder von ihren Vormunden in die Hand eines als rechtschaffen geltenden Kaufmanns zu übertragen. Dieser sollte ihr bescheidenes Vermögen mehren. Als er es nun binnen eines Jahres dank guter Gewinne um die Hälfte vergrößert hatte, unterlag er den Einflüsterungen des Teufels und verbreitete die Nachricht, er sei Opfer eines Überfalls geworden. Dann suchte er das Weite. Wiederum kostete mich seine Verfolgung viel Geld, doch das Kapital war verloren.

Weitere Prozesse kamen auf mich zu wegen Erbschaften, auf die eine alte Abgabe und hohe Rückzahlungen verlangt wurden. Von dieser Angelegenheit stand absolut nichts in unserem Kaufvertrag. Da mir von den besten Anwälten geraten wurde, dies in aller Schärfe abzulehnen und nicht daran zu zweifeln, da das Recht auf meiner Seite wäre, dass ich in letzter Instanz die Zeugen des Kaufs benennen sollte. Da aber diese bereits verstorben, verarmt oder im Ausland waren, war nichts zu machen. Damit ich an den Punkt gelangte, zu dem Fortuna mich in jener Zeit auf den Gipfel meines Elends führte, bekam ich wie Hiob eine langwierige Krankheit. Weil deswegen eine weitere Verfolgung unmöglich war und wegen mangelnder Mittel, wie ich glaube, verlor ich meine Klagen. Da ich zur Begleichung der Unkosten verurteilt wurde, war ich völlig am Ende meiner mageren Ressourcen. Es ist schon erstaunlich, wie sehr Fortuna gegen mich wütete. Denn bei allen Möglichkeiten, die unglücklicherweise Verluste verursachen können bei einer Person, die ihre

Streitfälle nach gutem Rat geordnet hat, so wie ich es, so gut ich konnte, tat, wie Gott weiß, entwickelten sich im Widerspruch zu dem, was nach Maßgabe der Vernunft hätte geschehen müssen, alle meine Geschäfte und allgemein alle Angelegenheiten völlig gegenläufig.

Oh Tugend der Geduld, nicht immer hatte ich dich parat, vielmehr besiegte dich oft meine große Bitterkeit. Ich erlebte die Zeit, in der ich mich an vier verschiedenen Gerichtshöfen in Paris gegen Anklagen und Prozesse verteidigte. Bei meiner Seele, ich schwöre dir, dass ich von bösartigen Gegnern zu Unrecht gequält wurde, weswegen, wenn man seinen Frieden haben wollte, es oft notwendig war – da ich ihre üblen Machenschaften durchschaute, in dem Wunsch, mich aus dem Prozess herauszuhalten, als eine Frau, die so etwas verabscheut, als etwas, was meinem friedliebenden Naturell entgegenstand –, ihnen nachzugeben und dafür gewaltige Gebühren und Kosten auf mich zu nehmen. Doch glaube nicht, dies hätte mich ein oder zwei Jahre gekostet – sondern mehr als vierzehn Jahre: Denn sobald ein Unglück für mich zu Ende war, dann kam schon das nächste, in so vielerlei Gestalt, dass es lang und langweilig wäre, auch nur die Hälfte davon zu erzählen. Und so gab die blutsaugende Fortuna keine Ruhe, bis sie alles ausgeschöpft und ich nichts mehr zu verlieren hatte. Und jetzt endeten meine Prozesse, nicht aber meine Kümmernisse.

Oh süße Herrin, wie viele Tränen, Seufzer, Wehklagen, Jammer und schlimme Schmerzen glaubst du, hatte ich, wenn ich allein in meinem *studiolo* saß und stieß ich in dieser Zeit aus oder wenn ich mich in meinem Haushalt umgeben sah von meinen kleinen Kindern und armen Verwandten und nachdachte über die Vergangenheit und das gegenwärtige Unglück, dessen Fluten mich so weit nach unten spülten, ohne dass ich mich dagegen hätte wehren können! Wegen dieser Unglücksfälle beklagte ich mehr meine Nächsten als meine eigene Person: so dass ich eines Tages einem Mann, der sagte, ich hätte wirklich keinen Grund, mich zu beklagen, weil ich als alleinstehende und alleinlebende Frau doch ohne Last sei, entgegnete, ich sei drei Mal doppelt, und als er mich nicht verstand, sagte ich dies und legte ihm dar, dass ich sechs Mal ich selbst sei.

Angesichts all dessen meinst du nicht, teure Herrin, dass die Last der Angst davor mein Herz bedrückte, dass man meiner Not gewahr würde und die Sorge um die Aufrechterhaltung meines Standes den Außenstehenden offenbar würde oder den Nachbarn der soziale Abstieg, der von meinen Vorgängern und nicht von mir herrührte: Diese Unwissenheit verbitterte mich so sehr, dass ich lieber gestorben wäre als sozial abzusteigen. Ha! Welche Bürde und welche Verletzung für ein Herz, das zu sehr den Wunsch liebt, diesen aufrechtzuerhalten, doch Fortuna will dies nicht! Es gibt keinen Schmerz, der diesem gleichkommt. Und niemand glaubt das, es sei denn, er hat dies selbst versucht. Gott weiß, welches Ungemach dadurch verursacht wird, das vielen Menschen zugestoßen ist. Aber ich versichere dir, dass man von meinem Äußeren und meiner Kleidung nur schwerlich auf die Last meiner Sorgen schließen konnte. Vielmehr war es so, dass ich unter meinem pelzgefütterten Mantel und meinem abgeschabten, scharlachfarbigen Überwurf – der nicht oft erneuert, aber gut erhalten war – nur allzu oft Angst verspürte und vor Kälte zitterte und in meinem schönen, wohlgeordneten Bett viele schlaflose Nächte verbrachte. Doch Schmalhans war Küchenmeister, wie das bei einer alleinstehenden Witwe üblich ist, und dennoch muss man überleben. Gott allein weiß, wie sehr ich litt, wenn in meinem Hause von Schergen der Justiz Zwangsvollstreckungen durchgeführt und mir meine Sächelchen davongetragen wurden. Der Schaden war für mich schon schlimm genug, aber noch mehr fürchtete ich die Schande. Doch wenn ich mir von jemandem Geld leihen musste, sei es, um größerem Ungemach zu entgehen, schöner Herrgott, mit was für einem schamroten Gesicht bat ich darum, selbst wenn es von einer befreundeten Person war! Sogar heute bin ich noch immer nicht von dieser Krankheit geheilt, die mir, wenn ich es denn tun muss, so scheint mir, mehr quält als eine Fieberattacke.

Ach mein Gott, wenn ich daran denke, wie viele Morgenstunden ich im Winter in diesem Palast vergeudet habe und dabei fast starb vor Kälte – dies alles nur, um nach meinen Ratgebern Ausschau zu halten, sie an meine Anliegen zu erinnern und um Unterstützung zu bitten. Wie oft vernahm ich dort Beschlüsse, die mir Tränen in die Augen trieben, und wie viele befremdliche Antworten! Oh Gott, wie viele Belästigungen und widerliche Blicke, wie viel Spott aus dem Munde angetrunkener Männer, die selbst im Überfluss lebten, musste ich mir dort gefallen lassen! Vor allem aber tat es mir um das Geld leid, von dem ich so wenig hatte.

Nach dem Vorbild Jesu Christi, der an seinem ganzen Körper gefoltert werden wollte, um uns Geduld zu lehren, genauso wollte Fortuna, dass mein Herz auf vielfache Art und Weise von den verschiedensten deprimierenden, unangenehmen Gedanken gequält würde. Welch größeres Übel und Unbehagen, welche stärkere Ursache von Ungeduld kann für den Unschuldigen entstehen – wie es den Erinnerungen von Boethius in seinem *Buch vom Trost* zu entnehmen ist –, als zu erfahren, dass man ohne jeden Grund verleumdet wird? Wurde von mir nicht in der ganzen Stadt behauptet, ich hätte eine Liebesaffäre? Nun ja, doch hier muss mit allem Nachdruck darauf hingewiesen werden, dass dies alles auf Fortunas verschiedene Hiebe zurückging. Denn eigentlich entsteht ein solcher Ruf – und oft zu Unrecht – dadurch, dass die Menschen sich kennen und oft sehen, oder durch Vermutungen und ähnliche Wahrscheinlichkeiten – aber bei meiner Seele, ich schwöre, dass jener mich nicht kannte und noch nicht einmal wusste, wer ich war, und dass es niemals einen Mann oder ein Lebewesen gegeben hat, der oder das mich weder in der Öffentlichkeit oder privat unter einem Dach oder an welchem Ort oder Platz oder wo auch immer gesehen hätte, denn mein Weg führte nicht dorthin und hatte dort nichts zu suchen. Gott sei mein Zeuge dafür, dass ich die Wahrheit sage – und weil nach dem Wesen seiner Person und der meinigen so etwas schicklich nicht passieren und nicht wahrscheinlich sein konnte, deshalb hatte niemand gute Gründe, so etwas zu denken. Ich habe mich oft gewundert, wie solche Reden überhaupt entstehen konnten, die von Mund zu Mund liefen mit den Worten: »Davon habe ich gehört.« Als Frau, die sich in dieser Hinsicht unschuldig fühlte, verstörte es mich also, wenn man mir davon berichtete, und manchmal ging ich lächelnd darüber hinweg mit den Worten: »Der Herrgott, besagter Mann und ich wissen nur allzu gut, dass dies nicht stimmt!«

Doch damit war es noch immer nicht genug mit meiner Pein. Denn weil ich mich auch weiterhin so gut wie möglich in der Schlacht und dem Kampf gegen Fortuna wehrte und mich eines Großteils meiner finanziellen Ressourcen beraubt sah, da ich jedoch vom Rechnungshof geprüfte und beglaubigte Schuldscheine über eine Geldsumme hatte, die noch meinem verstorbenen Mann als Entlohnung für sein besagtes Amt geschuldet waren, erhielt ich eine königliche Order an die Finanzvorstände, dass mir dies ausgezahlt werden sollte. Jetzt kam die mühselige Nachverfolgung, die ich notwendigerweise unter großen Anstrengungen angehen musste, tagelang hin- und hergeworfen von vielen Pro- und Contra-Antworten. Dass das eine lange und mühselige Arbeit ist, das können diejenigen bezeugen, die es versuchen. Außerdem – das behaupten die Alten – sind diese Dinge jetzt noch viel unangenehmer als früher.

Nun sollt ihr auch wissen, dass es für mich, eine furchtsame Frau von zarter Statur, äußerst anstrengend war, aus der Not eine Tugend zu machen: Ich musste mühselig und mit Entlohnung meiner Begleitung, je nachdem, was angesagt war, und nach der Art der jeweiligen Prozedur, hinter diesen Leuten hertrotten, verlor dann an ihren Höfen oder in Sälen viel Zeit mit meinem Kästchen und der Order, die meisten Tage ohne etwas zu erreichen, oder aber ich bekam mit großer Verspätung zweideutige Antworten, die falsche Hoffnungen weckten. Aber die Warterei war lang. Oh Gott, wie viele peinliche Reden und widerliche Blicke, wie viel Spott aus dem Mund einiger betrunkener Männer, die vor lauter Wohlleben nur so platzten, hörte ich dort! Als eine Frau in einer Notsituation und aus Angst, meinem Anliegen zu schaden, ließ ich mir nichts anmerken, antwortete nicht, wandte mich ab oder tat so, als hätte ich nicht verstanden und machte mich darüber lustig. Gott möge alle diese widerlichen Menschen läutern, denn unter ihnen war ich Bösewichten begegnet!

Wegen dieser Strafverfolgung, da ich nirgendwo einen großen oder einen kleinen Wohltäter fand, obwohl ich mehrere Adligen und hochgestellte Persönlichkeiten bat, ein gutes Wort für mich einzulegen, in der Hoffnung, dass ein gerechtes Gesetz sie dazu verpflichtet, den Witwen und Waisen zu Hilfe zu kommen, aber da ich tatsächlich nichts Gutes für mich fand, verfasste ich eines Tages in meiner Verzweiflung über diese Dinge und unter Tränen diese Ballade.[51]

Ach! Wo finden sie denn Trost,
Die armen, ihrer Habe beraubten Witwen,
Da sie in Frankreich, einst rettender Hafen,
Zuflucht für Exilierte und Verlassene,
Jetzt keinen Beistand mehr finden?
Die Adligen verspüren kein Mitleid mit ihnen,
Ebenso wenig der hohe und niedere Klerus,
Sogar bei den Fürsten finden sie kein Gehör.

Weder Unterstützung noch Schutz durch die Ritter,
Schlechter Rat von den Prälaten,
Kein Schutz vor Unrecht durch die Richter;
Keinen Heller guter Antworten von den Advokaten,

Oft gequält von den Mächtigen,
Nicht zur Hälfte gewinnen sie gegen die Mächtigen,
An keinem Tag – anderweitig sind sie beschäftigt,
Sogar bei den Fürsten finden sie kein Gehör.

Wohin fliehen, da in Frankreich ohne Beistand,
Dort, wo man sie abspeist
Mit wohlfeilen Hoffnungen, todbringendem Rat.
Höllenwege sind ihnen bereitet,
Wenn sie diesen trüben Weisungen vertrauen,
Und falscher Rat, der ihrem Anliegen nicht nützt:
Niemand steht ihnen so nah,
Dass er ihnen ohne Hintergedanken beistünde,
Sogar bei den Fürsten finden sie kein Gehör.

Ihr Guten und Rechtschaffenen, jetzt rege sich
Eure Güte, oder verdammt sind
Die Witwen zu vielfachem Leid;
Mit heiterem Herzen
Eilt ihnen zu Hilfe und glaubt meinem Gedicht,
Denn niemanden sehe ich, der ihnen geneigt wäre,
Sogar bei den Fürsten finden sie kein Gehör.

Der Grund, der mich dazu antrieb, diese Verfolgung eigenhändig und gegen meinen Willen zu betreiben, war folgender: Als ich meinen Boten dorthin schickte, bekam dieser keine Audienz in ihrer Gegenwart. Doch als ich persönlich kam und damit an meinen Zustand als arme Witwe erinnerte, mich vor ihnen verneigte und sie aus Mitgefühl um ihre Hilfe bat, da traf ich bei ihnen wenigstens auf einen Hauch von Mitleid. Dieser Kummer mit all den anderen war für mich nicht von kurzer Dauer. Vielmehr gab ich über einen Zeitraum von mehr als sechs Jahren nicht auf im Hinblick auf die Jagd nach einer keineswegs gewaltigen Summe, die mir – in mehreren Raten infolge solcher Mühsal und Anstrengungen bei edlen Herren und abgesehen von dem Rest, der mir immer noch geschuldet ist – ausgezahlt wurde.

VII CHRISTINE FÄHRT FORT MIT IHRER KLAGE.

Verstehst du nun, liebe Herrin, mit welch süßen Vergnügungen ich meine erste Zeit als Witwe verbracht habe? Hatte ich einen Grund dafür, durch zu viel Herumflirten für törichte Liebesverhältnisse empfänglich zu werden? Aber obwohl das über so lange Zeit derjenigen völlig genügen musste, von der dies alles kam, gab sich die Falschzüngige, über die ich mich schon früher einmal aus gutem Grund beklagt habe, immer noch nicht zufrieden. Denn der Zahnschmerz zieht die Zunge nach sich.[52] Vielmehr will ich dir erklären – indem ich dieses Thema bis zum heutigen Tag weiterverfolge –, wie ihr Redeschwall mich beherrscht hat und es noch immer tut.

Es ist wahr, dass in der Zeit meiner oben geschilderten Leiden, weil es wie bereits gesagt, sinnlos ist, einem anderem diese Machenschaften und Widrigkeiten zu enthüllen (Weshalb? Denn Barmherzigkeit ist hier selten und führt nur zu Knechtschaft und geringem Nutzen), und weil es gravierend ist, Schmerz zu verbergen, ohne darüber zu sprechen, so hatte Frau Fortuna mich immerhin noch nicht so sehr gequält, wie es in ihrer Macht stand, dass ich auf die Gesellschaft der zarten Musen der Dichter verzichtet hätte. Obwohl du sie zur Zeit der Qualen des Boethius zurückdrängtest und aus seiner Gesellschaft verjagtest,[53] um ihn mit wertvolleren Speisen zu nähren, so inspirierten mich diese doch dazu, tiefbetrübte Klagen in Reime zu fassen, in denen ich meinem toten Liebsten und der glücklichen Vergangenheit nachtrauerte, wie es zu Beginn meiner frühen Gedichte und meiner ersten *Hundert Balladen* deutlich wird. Und sogar als Zeitvertreib und um mein schmerzerfülltes Herz ein wenig heiterer zu stimmen, begann ich, fröhliche Liebesgedichte in einem anderen Geist zu verfassen, wie ich es in einem meiner Virelais sage.

VIII HIER BERICHTET CHRISTINE, WIE SIE IHRE LEBENSWEISE ÄNDERTE.

Da meine Jugend wie auch die Mehrzahl meiner fremdbestimmten Tätigkeiten bereits hinter mir lagen, kehrte ich nach diesen Ereignissen zu jener Lebensweise zurück, die am ehesten meiner Natur entsprach, das heißt: zu einem Leben in Einsamkeit und Zurückgezogenheit. In dieser Einsamkeit stiegen in mir wieder die Erinnerungen an das Lateinische und die Ausdrucksweisen der schönen Wissenschaften auf sowie an diverse Sentenzen und an die geschliffene Rhetorik, die ich damals, zu Lebzeiten meiner verstorbenen Lieben – meines Vaters und meines Ehemannes – aus ihrem Munde vernommen hatte, obwohl ich in meiner Torheit kaum etwas davon behielt.

Denn obwohl ich aufgrund meiner Natur und Herkunft eine Neigung hierzu besaß, hielt mich die Beschäftigung mit Angelegenheiten, die üblicherweise den verheirateten Frauen obliegen, sowie die Last häufiger Schwangerschaften davon ab, mich mit diesen Dingen zu beschäftigen. Hinzu kam die übergroße Jugend, die allzu charmante Feindin der Intelligenz, die es häufig Kindern, so klug sie auch sein mögen, wegen ihrer Lust am Spiel, nicht erlaubt, sich Studien zu widmen, es sei denn, die Angst vor Schlägen hält dagegen. Und da ich diese Angst nicht hatte, beherrschte der Wunsch zu spielen den Verstand und den Geist, so dass dieser nicht beständig sein konnte in der Anstrengung des Lernens.

IX CHRISTINES KLAGE ÜBER DIE JUGEND

Ach, törichte, verblendete, wankelmütige Jugend, die du die nützlichen und guten Dinge verkennst, dich nur an sinnlosen, frivolen und wertlosen Dingen erfreust und dich mit nichts anderem abgibst! Und gewiss, wer unter deinem Einfluss steht, schlägt den Weg des Verderbens ein und täuscht sich hinsichtlich seiner eigenen Erkenntnisfähigkeit. Ich muss dich umso mehr hassen, als in jener Zeit, da ich mich in der Nähe der beiden schönen Quellen der Philosophie befand, neben so edlen, klaren und gesunden Brunnen – ich als törichte, zu zarte Jugendliche nicht aus ihnen schöpfte, obwohl diese schönen Bäche mir durchaus gefielen.

Jedoch genau wie der Narr, der die Sonne scheinen sieht, nicht an den Regen denkt, sondern meint, sie werde ihm ewig dauern, so gab auch ich nicht acht und meinte, das wiederzubekommen, was ich verlor. Ha, Fortuna, welchen Schatz raubtest du mir da! Du fügtest meinem Verstand einen gewaltigen Schaden zu, indem du mir ihn nicht so lange erhieltest, bis ich einsichtiger geworden war! Du hattest die Kühnheit, sogar dem Innersten meiner Seele zu schaden! Denn wäre ich damals hellsichtig genug gewesen im Hinblick auf mein Begehren, hätte ich auf alle anderen überflüssigen Beschäftigungen und Vergnügungen verzichtet, mich ganz dem Studium gewidmet, so sehr und so umfassend, dass keine sogar vor langer Zeit geborene Frau mich darin übertroffen hätte. Ach, als ich die Meister der Wissenschaft an meiner Seite hatte, da hielt ich es nicht für notwendig zu lernen.

Aber jetzt ist die Zeit gekommen, dass mein Verstand und Geist betteln und das begehren, was sie aufgrund des mangelnden Lernens nicht besitzen, das heißt, meine Freundin Philosophie, dein Wissen und deine Wissenschaft. Ha! Du süßes, köstliches, honigähnliches Ding, dessen Wert alle anderen Schätze übertrifft! Wie glücklich sind jene, die dich ganz und gar genießen! Und obwohl ich das nur aufs Geradewohl beurteilen kann, weil ich dieses Gut nicht vollständig besitze, so vermittelt mir doch die Erkenntnis den so köstlichen Geschmack und die Würze, die ich sonst nur in den kleinen Bruchstücken der Wissenschaft finde. Da ich nicht mehr erreichen kann, gibt es mir eine Ahnung von ihrer Wohltat für jene, die sie lieben, auskosten und höchstes Entzücken verspüren. Ha, ihr Kinder und Jugendliche, wenn ihr wüsstest, welch hohes Gut der Geschmack am Wissen und wie schlecht und hässlich die Dummheit ist, wenn ihr gut informiert wäret, dann würdet ihr nur wenig jammern über die Mühe und Anstrengung des Lernens!

Sagt nicht Aristoteles, dass der gelehrte Mensch von Natur aus über den Dummkopf herrscht, genauso wie wir sehen, dass die Seele den Körper beherrscht? Was gibt es Schöneres als Wissen? Und was ist hässlicher als Dummheit, die sich für einen Menschen nicht schickt? So wie ich einmal einem Mann – der meinen Wissensdurst missbilligte und behauptete, es gehöre sich für eine Frau nicht, Wissen zu haben, was selten der Fall sei – erwiderte, noch weniger schicke es sich für einen Mann, unwissend zu sein, wie es so oft der Fall sei.

X CHRISTINE BERICHTET, WIE SIE DAMIT BEGINNT, SICH DEM STUDIUM ZU WIDMEN.

Zu jener Zeit, als mir mein Lebensalter naturgemäß einen bestimmten Grad an Erkenntnis ermöglichte, richtete ich meinen Blick zurück auf die Abenteuer der Vergangenheit, dann nach vorn auf den Endpunkt aller Dinge. Genau wie ein Mann, der nach einer gefährlichen Wegstrecke verwundert zurückschaut und sich vornimmt, nicht mehr dorthin zurückzukehren und künftig Besseres anzustreben – genauso beschritt ich also, als ich erkannte, dass die Welt voller gefährlicher Fallstricke war und es in ihr nur ein sinnvolles Ziel geben könne, die Wahrheitssuche, den mir von Natur und Veranlagung gewiesenen Weg: den des leidenschaftlichen Lernens und Studierens. Daraufhin verschloss ich meine Pforten, will sagen: meine Sinne, um mich gegen die Verlockungen der Außenwelt abzuschotten, schnappte mir jene schönen, gewichtigen Bücher und Bände und sagte mir, ich würde das in der Vergangenheit Versäumte schon noch nachholen.

Allerdings war ich nicht so übermütig, gleich mit den kompliziertesten Wissenschaften, deren Begriffe ich nicht verstanden hätte, anzufangen, denn wie sagt doch Cato: »Lesen, ohne zu verstehen, was man liest, macht keinen Sinn.« Sondern vielmehr, wie man ein Kind zuerst das ABC erlernen lässt, so habe ich mit der Frühgeschichte der Menschheit begonnen: mit der Geschichte der Juden, der Assyrer und den Ursprüngen der Weltreiche. Von dem einen schritt ich zum anderen, und mit Hilfe französischer, englischer und einiger anderer Geschichtsschreiber ging ich bis zu den Römern zurück. Danach erarbeitete ich mir wissenschaftliche Grundlagen, so gut wie mir dies in der mir zur Verfügung stehenden Zeit möglich war.

Dann bemächtigte ich mich der Bücher der Dichter. Da ich immer größere Fortschritte machte, freute ich mich, als ich den mir gemäßen Stil gefunden hatte. Ich ergötzte mich an ihrer feinsinnigen Kunst des Verhüllens und an den erhabenen Gegenständen, die sich hinter ihren mutigen und lehrreichen Geschichten verbargen, an dem eleganten Stil ihrer rhetorisch ausgeschmückten Poesie und Prosa, an ihrer kunstvollen und mit eigentümlichen Spruchweisheiten angereicherten Ausdrucksweise: All dies entzückte mich.

Angesichts dieser Fortschritte in der Wissenschaft der Dichtkunst freute sich Frau Natur an mir und sprach: »Freue dich, Tochter, denn die Sehnsucht, die ich dir eingab, kennt nun ihr wahres Ziel, und du vermagst sie zu stillen, indem du Tag für Tag dein Studium fortsetzt und immer tiefer in den Sinn der Sentenzen anderer Dichter eindringst. Doch damit gebe ich mich nicht zufrieden.« Vielmehr verlangte sie von mir, dass aus der Verschmelzung von Wissen und Erfahrung eine neuartige Form von Dichtung entstünde. Deshalb forderte sie mich auf: »Nimm deine Werkzeuge und bearbeite auf dem Amboss das Material, das ich dir reiche und das von so dauerhafter Beschaffenheit ist, dass weder Schwert noch Feuer ihm etwas anhaben können. Aus diesem Grundstoff sollst du Dinge von großer Schönheit schmieden.

In jenen Jahren, als du noch deine Kinder austrugst, verspürtest du bei ihrer Geburt große Schmerzen. Jetzt will ich, dass du neue Werke zur Welt bringst, die in den kommenden Jahren und bis ans Ende aller Zeiten bei den Fürsten die Erinnerung an dich erhalten und das Licht deines Ruhms allerorts hell leuchten lassen. Diese Werke wirst du, trotz aller Mühsal und Qual, in Heiterkeit und Freude, aus der Kraft deines Gedächtnisses erschaffen. Und genau wie eine Frau, die ein Kind auf die Welt bringt, in dem Augenblick, wenn sie den Schrei ihres neugeborenen Kindes vernimmt, all ihre Schmerzen vergisst, ebenso wird es dir ergehen, wenn du zum ersten Male die Stimme deiner Bücher vernimmst.«

Daraufhin begann ich, anmutige poetische Gebilde zu ersinnen, und diese waren in meinen Anfängen ohne allzu viel Tiefgang. Dann aber erging es mir wie dem Handwerker, der mit der Zeit immer kompliziertere Dinge herstellt: In ähnlicher Weise bemächtigte sich mein Verstand immer ungewöhnlicherer Gegenstände; mein Stil wurde eleganter, meine Themen gewichtiger. Seit meinen Anfängen im Jahr 1399 bis zum heutigen Jahr 1405 – in dem ich ja noch nicht aufhöre –, in eben diesem Zeitraum habe ich 15 umfangreiche Bände verfasst. (Nicht mitgezählt wurden hierbei andere, kürzere Schriften, die bekanntermaßen rund siebzig großformatige Hefte füllen). Und da übertriebenes Lob deplatziert ist – denn diese Werke sind alles andere als vollkommen – weiß Gott, dass ich dies nicht erwähne, um damit zu prahlen, sondern um fortzufahren mit der Abfolge meiner guten und schlimmen Abenteuer.

XI DAS VERGNÜGEN, DAS CHRISTINE AN DEN STUDIEN FAND

Jetzt hatte sich meine gesamte Lebensweise verändert und eine neue Richtung eingeschlagen. Was sich aber nicht zum Besseren verändert hatte, das war meine Pechsträhne, vielmehr machte Fortuna, sozusagen betrübt angesichts des Glücks und des

Trostes meines gelehrten und einsamen Lebens, weiter mit ihrer Missgunst, diesmal nicht allein auf meine Person gerichtet, sondern zu meinem Ärger auf meine Nächsten, auch dies ist etwas, was ich zu der Verkettung meiner Widrigkeiten zähle.

Es trifft zu, dass sich bereits – sogar unter den Fürsten – etwas von meiner Lebensweise herumgesprochen hatte, das heißt: von meinen Studien, so sehr ich dies eigentlich hatte geheim halten wollen. Aber da sie nun einmal Bescheid wussten, bot ich ihnen als Neuheiten (so gering und unbedeutend diese auch sein mochten) einige meiner Bücher zu unterschiedlichen Themen an. Und, gütig wie sie als großzügige und äußerst menschliche Fürsten nun einmal waren, sahen sie diese gern und akzeptierten sie freudig. Ich vermute, dies geschah eher deshalb, weil eine schreibende Frau ungewöhnlich war (denn das war seit langem nicht mehr vorgekommen), als wegen deren Bedeutung. Aus diesem Grund verbreiteten sich diese Bücher in kürzester Zeit und wurden in verschiedene Gegenden und Länder versandt.

Etwa zur gleichen Zeit wurde die Tochter des französischen Königs[54] mit dem König Richard von England verheiratet. Aus diesem Anlass reiste ein edler Herzog, genannt von Salisbury,[55] an. Und da dieser schätzenswerte Ritter die Dichtkunst liebte und selbst ein renommierter Dichter war, ließ er mich – nach Ansicht meiner Gedichte – durch mehrere Angehörige des Adels bitten, ihm meinen ältesten Sohn – obwohl ich dies mit schwerem Herzen getan hätte – anzuvertrauen, ein recht verständiges und mit einer schönen Stimme versehenes Kind von zwölf Jahren, und diesen Sohn mit ihm nach England reisen zu lassen, da er selbst einen Sohn gleichen Alters besitze. Die mir gemachten Versprechungen dieses Herzogs, der sich so wohlwollend und großzügig meinem Kind zuwandte und für die Zukunft noch mehr versprach (weil ihm dies zu Gebot stand, hätte er es sicher auch getan), erwiesen sich nicht als unwahr.

Aber jetzt merke dir, teure Herrin, dass ich die Wahrheit sage, wie sie [Fortuna] sich wieder einmal gegen mein Wohl stellte, indem sie mich meiner guten Freunde beraubte und diese nicht weiterleben ließ. Dieses Gut wollte sie, die böse Fortuna, die mir schon manch anderes Leid zugefügt hatte, nicht länger dulden. Deshalb hetzte sie, wie jedermann weiß, kurze Zeit später auf eben dieses England und den erwähnten König Richard jene unerbittliche Pest. Aus diesem Grund und zum Dank für seine unverbrüchliche Treue zu seinem rechtmäßigen Herrscher wurde der gute Herzog von Salisbury zu Unrecht enthauptet. So war es zunächst einmal vorbei mit dem Beginn einer gesellschaftlichen Karriere für meinen Sohn. Noch ziemlich jung und fern seiner Heimat zur Zeit der großen Pest musste er völlig zu Recht entsetzt sein. Aber was passierte? Der König Heinrich,[56] der immer noch lebt und der sich die Krone aneignete, erblickte diese Bücher und Schriften, von denen ich schon einige dem erwähnten Herzog geschickt hatte, um ihm eine Freude zu machen. Jetzt erfuhr er, was es damit auf sich hatte. Da nahm er mit großer Freude mein Kind mit, behandelte und versorgte es gut. Und tatsächlich ließ er über zwei seiner hochrangigen Herolde nach mir schicken, ehrbare Männer und Waffenkönige namens Lancaster und Faucon,[57] die hierherkamen, mich umwarben und reichen Lohn versprachen, wenn ich dorthin käme.

Da mich dies aber überhaupt nicht reizte und ich die Angelegenheiten realistisch betrachtete, hielt ich mich so lange bedeckt, bis ich meinen Sohn zurückbekommen konnte, sagte großen Dank und ich sei ihm [dem König, M. Z.] zu Diensten. Um es kurz zu machen: Ich bewirkte unter großen Anstrengungen und mittels meiner Bücher so viel, dass mein Sohn die Erlaubnis erhielt, aufzubrechen und mich dorthin zu bringen, zu einem mir unbekannten Ort. So lehnte ich gleichfalls das Glück jenes Vermögens für mich und ihn ab, weil ich nicht glauben kann, dass eine betrügerische Absicht ein gutes Ergebnis zeitigt. Ich war also glücklich, den zu sehen, den ich liebte, weil der Tod ihn mir als einzigen Sohn gelassen hatte und ich drei Jahre lang ohne ihn gewesen war.

Doch damit wuchs die Last der für mich nicht leicht zu bewältigenden Ausgaben. Denn ich befürchtete, dass der große Fuß, auf dem man dort drüben lebte, in ihm den Wunsch weckte, dorthin zurückzukehren, wie Kinder, die noch nicht viel nachdenken, sich an das halten, was ihnen in ihren Augen am vorteilhaftesten für ihr Wohlbefinden scheint. Deshalb suchte ich für ihn einen großen und starken Lehrmeister, der wohlwollend akzeptierte, ihn bei sich zu behalten. Aber da die geringen Begabungen des jungen Kindes kaum sichtbar wurden in der Menge der Großen seines Hofes, ging sein Lebensunterhalt noch immer auf meine Kosten, ohne dass ich irgendeinen Gewinn aus seinem Dienst gezogen hätte. Auf diese Weise beraubte mich Frau Fortuna eines meiner guten Freunde und einer meiner großen Hoffnungen, aber seitdem tat sie mir noch Schlimmeres an.

XII CHRISTINE BEKLAGT SICH ÜBER FORTUNA, DIE SIE IHRER GUTEN FREUNDE BERAUBTE.

Meine Bücher hatten mich also bereits berühmt gemacht. Manchem fremdländischen Fürsten aus fernen Ländern waren sie nicht von mir, sondern von anderen geschickt worden, als etwas völlig Neues, da dem Verstand einer Frau entsprungen. Denn wie lautet noch das Sprichwort: »Neue Dinge gefallen« (ich erzähle dies alles nicht, um mich damit zu brüsten, denn das wäre wirklich unpassend). Der erste Herzog von Mailand in der Lombardei[58] hatte davon gehört (und vielleicht viel umfassender, als es gerechtfertigt gewesen wäre). Da er mich in sein Land locken wollte, hatte er hinsichtlich meines Lebensstandards in Gestalt lebenslanger Renten schon sehr großzügige Verfügungen getroffen: Dies wissen mehrere mit dieser Botschaft betraute Edelleute aus diesem Land. Aber Frau Fortuna, so wie es ihre Art war, wollte auf keinen Fall, dass der Ruin meiner Existenz abgefedert würde. Deshalb raubte mir schon bald der Tod jenen, der mir wohlgesonnen war, auch wenn ich Frankreich aus gewissen Gründen nicht leichtfertig verlassen hätte, sogar nicht für mein Herkunftsland. Auf jeden Fall quälte sie mich sehr, als sie mir einen guten Freund nahm (was nie ein leichter Verlust ist), wie es mir der Bericht vertrauenswürdiger Personen mitgeteilt hat, denn sogar ohne von hier wegzugehen, wäre er mir nützlich gewesen wegen der Einkünfte meiner Bücher.

XIII NOCH ZUM GLEICHEN THEMA

Jetzt bleibt mir noch, von meinem größten Verlust zu sprechen, verursacht durch den Tod eines großen Fürsten aus der Zeit des zuvor genannten weisen Königs Charles. War dieser Tod nicht in der Tat ein überdeutliches Zeichen des giftigen Neids der Perversen [Fortuna] gegen mich? Der höchst verehrungswürdige und mächtige Fürst Philipp, Herzog von Burgund,[59] Bruder des genannten weisen Königs, hatte mich liebgewonnen durch die Kenntnis meiner ihm kurz zuvor persönlich präsentierten Bücher und Bände (auch wenn ich fand, diese seien nicht würdig, in Gegenwart seiner Weisheit aufgeschlagen zu werden). Hierbei, so meine ich, berücksichtigte er mehr meine beständigen Anstrengungen als das Vorhandensein großen Scharfsinns. In seiner gütigen Milde gefielen sie ihm, wie es mir jedenfalls schien angesichts seines Lobs und noch mehr wegen der Wirkung seines gütigen, großzügigen Beitrags, neben anderen Wohltaten, nicht nur zu meinem Lebensunterhalt, sondern auch zu dem meines Sohns, der von ihm als bezahlter und geschätzter Diener engagiert war. Kurz darauf gab er mir höchstpersönlich den Auftrag – und geruhte mein Wissen entsprechend hoch einzuschätzen, was ich als große Gnade ansah – das vorbildliche Leben und die bemerkenswerten Taten des weisen Königs in einem eigenen Buch aufzuschreiben, damit er der Nachwelt in dauerhaftem Gedenken verbliebe durch das gute Beispiel seines vornehmen Namens.

Aber ach! Kurze Zeit später, als sein Umgang mit mir immer huldvoller geworden war, da raubte ihn mir der Tod, dieser Verräter. Das wiederum ließ die Wunden meiner Widrigkeiten erneut aufbrechen und war ein ebenso herber Verlust für dieses Königreich wie für das erwähnte, von ihm in Auftrag gegebene Buch, das zu jenem Zeitpunkt noch nicht abgeschlossen war. Daran erinnere ich mich mit Mitgefühl und Bedauern.

XIV CHRISTINE BEENDET IHRE KLAGE.

Jetzt habe ich Dir, hochverehrungswürdige Herrin, die Motive und Ursachen meiner vergangenen Kümmernisse dargelegt – doch keineswegs aller, denn Gott weiß, dass ich meine Zeit noch mit zahlreichen anderen Schmerzen und Ärgernissen zugebracht habe, von denen zu berichten langweilig und langwierig wäre – und die noch andauern, ohne dass ich ihr Ende absehe!

Was meinen gegenwärtigen Zustand angeht, so sage ich dir, dass trotz flehentlicher Bitten und Petitionen, die ich – zu wiederholten Malen, unter dem Druck verschiedener Ereignisse und Verluste wie oben beschrieben, wegen der Fluten des Unglücks, die nicht aufhören, sich über mich zu ergießen – viele Male an die noch lebenden französischen Fürsten appelliert habe, um ihre Hilfe zu erbitten, nicht unter Beschwörung meiner eigenen Verdienste, sondern sie anflehend im Namen der alten Freundschaft, die meinen Vater, ihren Diener, hierhergeführt hatte, auf dass sie mir, der verlassen in der Fremde Lebenden, und meinem kleinen Familienverband helfen möchten. Aber wahrlich, weder lüge ich noch bin ich undankbar: Die Hilfe von einem von ihnen, wie sie mir mit großer Verzögerung per

Mandat präsentiert wurde, ist nichts Großartiges, außerdem mindert die Langwierigkeit der Bezahlung und die nervenaufreibende Jagd nach ihren Schatzmeistern beinahe den Wert dieser Gnade und Wohltat.

Oh, teure Herrin, was meinst du? Was für eine Qual ist es für eine Frau wie mich – ziemlich abgehoben und wenig interessiert an den Begehrlichkeiten der Verführung, gegen meine eigentliche Natur, die nicht brennt für die Begehrlichkeiten des Geldes, aber aus Not zu großen Ausgaben gezwungen ist – verbissen diese Finanzleute verfolgen zu müssen und dabei von Tag zu Tag durch ihre schönen Worte getäuscht zu werden! So steht es heute also um meine Witwengemeinschaft, hochverehrte Frau, der dir nichts verborgen bleibt.

Du selbst, die du weißt, wie wenig mich die Anhäufung und Ansammlung von Schätzen oder eine Verbesserung meines Lebensstandards interessiert (abgesehen davon, den aufrechtzuerhalten, der mir von meinen Vorfahren vererbt worden ist) – wie unsinnig ist es, sich darum zu kümmern, angesichts der Erkenntnis, dass alle weltlichen Dinge nur Wind sind. Außerdem gelüstet mich absolut nicht nach überflüssigem Tand oder exquisiten Speisen.

Du sollst mir bezeugen, dass allein die Liebe und die angenehm zu tragende Last meiner guten Mutter – alt geworden auf den Armen ihrer einzigen Tochter, die keineswegs, wie es sich gehört, die von dieser empfangenen großen mütterlichen Wohltaten vergisst, – dass diese Liebe mich perplex und traurig macht, wenn Fortuna es nicht zulässt, dass eine Frau von so vollkommener Ehrbarkeit, vorbildlicher Lebensführung und so gutem Stand wie sie, nicht standesgemäß gehalten und versorgt werden kann. Hinzu kommen die zusätzlichen Belastungen durch arme, zu verheiratende Verwandte und andere. Doch nirgends sehe ich eine wohlwollende, mir zu Hilfe eilende Fortuna.

Was noch die Verletzungen meiner schmerzerfüllten Gedanken durch meine übrigen Kümmernisse betrifft: Meinst du denn, ich müsste mich im Hinblick auf Fortuna nicht für unglücklich halten, wenn ich all die anderen sehe, die, umgeben von ihren Verwandten, Brüdern und Standesgenossen, sich glücklich aneinander erfreuen – und wenn ich dann daran denke, dass ich fern von meinen Freunden in der Fremde lebe? Desgleichen meine beiden Brüder, weise und tüchtige Männer von untadeliger Lebensführung, die gezwungen sind, da hier nicht versorgt, in dem anderen Land dort oben von den Erbgütern des Vaters zu leben. Und ich, die ich zartfühlend und großzügig für meine Freunde bin, beklage mich bei Gott, wenn ich die Mutter ohne ihre Söhne sehe, nach denen sie sich sehnt, und mich ohne meine Brüder. So kannst Du sehen, teure Herrin, dass Fortuna sich meinen Wünschen immer widersetzt hat und sogar noch weitermacht mit ihren Bosheiten.

Dass ich bei alledem die Wahrheit sage – Gott, der eigentlich du ist und du, die du eigentlich Er bist, das wisst ihr.[60] Um noch einmal auf das zuvor Gesagte zurückzukommen: Während meine Feindin Fortuna immer noch nicht aufhört mit ihren Quälereien, die für ein schwaches weibliches Herz nicht gerade wenig sind, betrübt mich am meisten, dass sie mich durch diese Kümmernisse an meiner Arbeit hindert, Kümmernisse, die oft meine Vorstellungskraft dermaßen verwirren, dass sie sich nicht mit dem Guten, das sie entzückt, beschäftigen kann – so sehr ist sie verdunkelt durch ihre verschiedenen Drangsalierungen – dies setzt mir mehr zu als die Wirkung des Bösen, das ich erleide.

X FRAU PHILOSOPHIE ANTWORTET CHRISTINE.

Nachdem ich alle meine Ausführungen beendet hatte, verstummte ich. Daraufhin ergriff die hervorragende Göttin das Wort, wobei es schien, als lächelte sie, so wie es der Weise tut, wenn ihm die Argumente des Einfältigen vorgetragen werden. Aber trotzdem brachte mich meine Unwissenheit nicht um das Vergnügen ihrer würdigen Rede, und sie sagte mir Folgendes:

»Wahrhaftig, meine Freundin, an deinen Worten erkenne ich, wie dich eine törichte Gefälligkeit bei Urteilen über deinen eigenen Zustand in die Irre führt. Oh du verblendetes Wesen, das die Gaben Gottes und seinen eigenen Kelch, aus dem er dir zu trinken gibt, einem widrigen Geschick zuschreibt! Weshalb klagst du Undankbare denn über die empfangenen Wohltaten? Gewiss, verdorben ist der Magen, der passendes Fleisch bekommt und dieses zu Unrecht zu der ihm gemäßen Nahrung macht. Und wo bleibt denn dein scharfer Verstand, wenn er nicht das ihm Nützliche erkennt?

Dass du getäuscht wurdest, das werde ich mit einem gewichtigen Beispiel beweisen: So wie der erfahrene Arzt, der die Macht der Natur und den Zustand seines Patienten betrachtet und je nach dessen Kraft oder Schwäche ihm ein Abführmittel und Medizin verabreicht, genauso werde ich bei dir eine leichte und schwache Diät anwenden angesichts der Schwäche des Magens deines Verstandes, für den schwierige Dinge, so oder so ähnlich, wie ich sie damals meinem Freund Boethius verabreichte (wie du es in seinem Buch gefunden hast), zu schwer zu verdauen und zu verwenden wären als Nahrung für das, was du brauchst. [...]

Schöne Freundin, soweit ich deine Situation verstehe, beklagst du dich sehr über Frau Fortuna, mit der du äußerst unzufrieden bist, von der du behauptest, sie sei jetzt und schon seit langem die Feindin deines Wohlstands gewesen und habe, als sie deine Eltern und dich mit ihnen nach Frankreich führte, das Netz der Quälereien gewoben, in das sie dich verstricken wollte und dann die anderen Abenteuer, von denen du behauptest, dass sie dir zu großem Leid gereichten. Bei diesen Angelegenheiten – nicht bei jeder einzelnen, denn das ist nicht nötig, für jede von ihnen gilt meine allgemeine Antwort – werde ich dir deine hitzige Narrheit und dein Unwissen beweisen, die dich hier in die Irre führen und an der Erkenntnis deiner wahren Situation hindern.

Denke selbst ein wenig nach über die großen Verfolgungen und mörderischen Verbrechen, die es in deinem Geburtsland gegeben hat und immer noch gibt, als wenn es nicht zum Frieden kommen könne;[61] und denke doch einmal darüber nach, ob Gott dir nicht eine große Gnade erwies (obwohl du dich darüber beklagst), wenn er dich und die Deinen aus den Flammen derer befreite, die sich selbst verbrennen. Glaubst du denn ernsthaft, du wärest dem bis zum heutigen Tag entkommen, ohne deinen Anteil an diesem Übel gehabt zu haben, entweder für dich selbst oder ohne mit anzusehen, wie es über die Deinen gekommen wäre? Denn sogar von dieser Seite [der Alpen] aus hast du einige deiner Verwandten beweint, die darunter gelitten haben.

Aber dann lache ich über deine Naivität, die den Tod und das Ableben menschlicher Wesen der Macht von Fortuna zuschreibt, wie du dies im Falle von König Charles und anderen deiner Freunde behauptest. So hat es den Anschein, dass du das, was geschrieben steht im Geheimnis Gottes, der nach seinem Gutdünken über alle Dinge verfügt und regiert, dem Zufall zuschreibst, wenn du sagst, dass Frau Fortuna dich seiner beraubte, gerade so, als hätte sie nichts anderes zu tun, als sich darum zu kümmern, dir Unrecht zu tun. Und kennst du die Ursache für diese deine Hirngespinste? Es ist deine übergroße Verwöhntheit und Verzärtelung und die Bequemlichkeit deiner Vergnügungen, die dich dazu veranlassen, alles, was gegen deinen Willen passiert, jener Theorie zuzuschreiben, die du dir da ausdenkst. Denn was den Tod des Königs und auch den anderer Menschen betrifft, so hatte Gott sie zu diesem Zeitpunkt um ihres Heils willen zu sich gerufen, so wie er es für alle tut. Wäre es besser gewesen, ihn leben zu lassen, dann hätte er es schon getan. Es steht euch nicht an, über Gottes Urteilssprüche mit kecken Parolen zu diskutieren, so sehr sie euch auch wundersam scheinen mögen, denn da er allwissend ist, weiß er schon, was er tut.

Im Hinblick auf die anderen Schicksalsschläge, über die du dich beklagst, gleichst du dem verzärtelten Kind, das sich schon über einen kleinen Schlag mit dem Stöckchen beklagt, den ihm sein Vater versetzt, und nicht das Wohl erkennt, welches dieser ihm zuteilwerden lässt. So beklagst du dich gewiss grundlos, weißt nicht wirklich, was Qualen sind. In dieser Hinsicht zeigst du, dass du eine zarte, fragile und wenig widerstandsfähige Frau bist, die schon über Kleinigkeiten jammert. Dies werde ich dir mit der folgenden Argumentation beweisen.

XVI DER TROST DER PHILOSOPHIE

Du, die du dich beklagst über einige Prüfungen, die über dich gekommen sind, als wäre Gott dir mehr verpflichtet als anderen, bedenke, was viele gute Menschen, Christen wie du, sagen können, die durch seltsame Geschicke nicht nur alle ihre weltlichen Güter verloren haben, sondern auch ihre Glieder, die durch lange Krankheit zu Krüppeln wurden und durch ein unerwartetes Geschick und andere unterschiedliche Ereignisse körperlich und geistig gequält und außerdem noch dermaßen arm sind, dass sie weder über einen eigenen Platz, um dort zu wohnen, noch über irgendetwas verfügen, mit dem sie sich bedecken oder ihr jämmerliches Leben nähren könnten, wenn sie sich nicht mühsam in eure Umgebung schleppen, dort um eure Almosen bettelnd und oft auf nur wenig Mitleid treffend? Was sollen wir über jene sagen oder über andere, die in mancherlei Hinsicht verschiedene gewaltige Qualen erdulden? Dass sie unglücklich sind, glücklos und gehasst von Gott? Nein und abermals Nein! Das Evangelium gehorcht keineswegs den Sentenzen unserer Gesetze. Vielmehr werden wir sagen, dass sie gesegnet sind, genauso wie es Gott selbst von jenen und den Langmütigen sagt: ›*Beati pauperes spi-*

ritu quoniam ispsorum est regnum celorum. Beati pacifici quoniam ipsi filii Dei vocabuntur.‹[62]

Deshalb sage ich dir, du urteilst töricht, denn nach den gerecht verteilten Losen Gottes sind die am übelsten Verfolgten vielmehr die Glückseligsten, weil sie sich am meisten dem Leben Jesu Christi in dieser Welt mit der ganzen Qual als euer Vorbild nähern. Deshalb sage ich dir, wie glücklich du bist – und ich beweise es dir, es sei denn, du willst die Heilige Schrift verleugnen – weil du jenen gleichst, die Prüfungen durchmachen. Um wie viel glücklicher wärst du, wenn Geduld hinzukäme, wenn du mehr davon hättest, denn dann wäre dein Verdienst noch größer – und wenn du fest in deinem Glauben bist. Ist dies nicht der Fall, dann bist du äußerst unglücklich – du wirst das, was ich sage, begreifen.

Und sagt der Heilige Augustin hierzu nicht über den XXI. Psalm: ›Jeder Mensch soll wissen, so sagt er, Gott ist ein Arzt, der dem kranken Sünder Qualen als Medizin verabreicht, zu seinem Heil und nicht als Strafe seiner Verdammung. O kranker Sünder, wenn du Gottes Medizin in Gestalt von Qualen erhältst, dann jammerst du und schreist deinen Arzt an. Er aber hört dir nicht nach deinem Willen zu, sondern in Hinsicht auf deine Gesundheit.‹

XVII NOCH ZUM GLEICHEN

Aber fahren wir fort, um Gottes Gnade willen, um mit Gewissheit zu erfahren, worüber du dich bei Gott und nicht bei Fortuna beklagen kannst. Gewiss, ich bemerke bei dir große Undankbarkeit und Unwissen im Hinblick auf die unzähligen Güter und Gnadenbeweise, die er dir so viele Male hat zukommen lassen. Vielmehr meinst du, großes Unrecht erlitten zu haben, als wenn du nicht nur Besseres verdientest, sondern alle Dinge nach deinem Wunsch haben solltest. Zum Beweis sieh dich selbst an, sieh, welche großen Wohltaten und bemerkenswerte Gottesgaben du Unwürdige empfangen hast und jeden Tag auch weiterhin empfängst. In diesen Dingen, wenn du wirklich darüber nachdenken und es klug in deinem Innersten diskutieren willst, wirst du finden, dass die unglücklichen Ereignisse, die dir in dieser Welt zugefallen sind und die du einem missgünstigen Schicksal zuschreibst, für dich in Wirklichkeit günstig und passend sind, wie ich dir hiernach beweisen werde. Doch an der wahren Erkenntnis hindert dich deine sinnliche Verblendung.

Ich habe den Eindruck, ihr Menschen schätzt vor allem drei Gaben als Quelle eurer Freude und eures Ansehens. Ohne sie oder Teile von ihnen, so vermute ich, gibt es kein Glück für das menschliche Herz. Unter den Wohltaten der Fortuna gibt es keinen so kostbaren Schatz wie diesen. Wem diese Gaben fehlen, der gäbe alles hin, nur um in ihren Besitz zu gelangen. Zwei dieser Gaben liegen außerhalb, die dritte innerhalb des menschlichen Wollens.

Die erste besteht darin, von vornehmen Eltern geboren zu sein, als deren Adel ich die Tugenden betrachte. Die zweite: einen wohlgeformten, ansehnlichen Körper zu haben, gesund und nicht kränklich, eine gute Veranlagung zu haben, sowie ein vernünftiger, kluger Mensch zu sein. Die dritte und keineswegs geringste Freude besteht darin, schöne und anmutige Kinder in der Welt zu besitzen, die verständig, wohlerzogen und gottesfürchtig sind. Erkennst du nun, oh Frau, deine Undankbarkeit? Mangelt es dir etwa an diesen wunderbaren Gaben und an vielen anderen, die Gott dir geschenkt hat? Es scheint, du vergisst dies alles, wenn du dich als derart unglücklich bezeichnest. Gibt es heute eine Frau unter deinen Bekannten, die im Hinblick auf ihre Eltern ruhmreicher wäre als du? Erinnerst du dich nicht an die Würde unseres edlen Philosophen, deines Vaters, dem unsere Forschungen so vertraut waren, dass wir mit ihm auf dem Lehrstuhl für Philosophie saßen und von unseren Geheimnissen sprachen und der wegen der Vertrautheit mit unserer Kunst in seiner Zeit in unseren spekulativen Wissenschaften der Berühmteste war? Und bei alledem dieser wahre Katholik, wie es immer und am Ende offenbar wurde, und so ehrenhaft, dass ich mich dabei auf dich berufe, damit du höher wertschätzt und dass dir noch mehr nutzt die Erinnerung an sein Wissen, das dir verblieben ist, höher als irgendein Vermögen, das er dir hätte lassen können, obwohl du dich gerade hierüber beklagst. Denke einmal darüber nach, ob du dich nicht wegen dieses Gutes für zufrieden halten musst.

Was soll ich über deine so vortreffliche Mutter sagen? Kennst du eine tugendhaftere Frau? Erinnere dich daran, dass von Jugend auf bis zum heutigen Tag ihr kontemplatives Leben immer im Dienste Gottes stand, welchen Beschäftigungen sie auch immer nachging. Hat sie dies an einem einzigen Tag jemals vernachlässigt? Ich glaube nicht. Was für eine edle Frau! Wie ruhmreich ist ihr Leben, wie das einer Frau, die keine Qual jemals zu Boden warf oder deren Ungeduld niemals ihr vorzügliches Herz brach! Welch ein Beispiel dafür, in aller Tugendhaftigkeit für dich zu leben, wenn du sie dir wirklich zum Vorbild machst. Bedenke, was für eine große Gnade dir Gott noch zuteilwerden lässt, indem er in ihrem Alter eine so vorzügliche Mutter mit allen ihren guten Eigenschaften in deiner Gesellschaft leben lässt. Und wie oft hat sie dich getröstet und nach deinen ungestümen Handlungen wieder dazu gebracht, deinen Gott zu erkennen! Und wenn du dich beklagst, dass es dein Herz schmerzt, weil du meinst, für sie nicht angemessen sorgen zu können, so sage ich dir, dass dieses Wollen, gepaart mit Geduld, verdienstvoll für dich und für sie ist und dass ohne Zweifel der würdige Lebenswandel und ihr hochgestimmtes Leben aus ihr die berühmteste aller Frauen machen: Dies ist ein bekannter, extrem glücklicher Sachverhalt.

Gleiches gilt für das zweite deiner Güter: Hat dir Gott nicht wahrhaftig einen standesgemäßen, ziemlich kräftigen und gut gebauten Körper geschenkt? Kannst du ihn, wenn du dich nicht veränderst, noch um mehr bitten? Deshalb achte darauf, mit dem, was er dir an Klugheit geschenkt hat, gut umzugehen, denn sonst wäre es besser für dich gewesen, weniger klug gewesen zu sein.

Was nun die dritte Freude betrifft: Hast du denn nicht schöne, anmutige und kluge Kinder? Deine Erstgeborene, ein dem Dienst an Gott geweihtes Mädchen, das durch göttliche Inspiration aus ihrem reinen Willen und gegen den deinigen Nonne geworden ist in der Kirche und dem Damenkloster von Poissy, wo sie, in der Blüte ihrer Jugend und von großer Schönheit, sich so vorbildlich einem frommen, kontemplativen Leben hingibt, dass die Freude über die Kunde von ihrem perfekten Leben dir oft großen Trost spendet, wenn du von ihr die sehr sanftmütigen und frommen, zugleich verständigen und klugen Briefe bekommst, die sie dir zu deiner Tröstung schickt und in denen sie, so jung und unschuldig sie auch sein mag, dich dazu anhält und ermahnt, das Weltliche zu hassen und Besitztum zu verachten.

Hast du nicht auch einen schönen, anmutigen und wohlerzogenen Sohn, nicht älter als zwanzig Jahre? Seitdem er unsere ersten Wissenschaften studierte, fände man in der Grammatik, Rhetorik und Dichtkunst, für die er eine natürliche Begabung besitzt, kaum einen Fähigeren und Subtileren als ihn mit seinem schönen Verstand und guten Urteilsvermögen. Dass ich hierbei die Wahrheit sage, ist so offensichtlich, dass jeder es sehen kann. Ich sage dir dies nicht, um dich zu Eitelkeit zu verleiten, sondern damit du endlich dem Dank spendest, von dem jedes Wohl kommt, der dir diese Wohltaten und viele andere hat zukommen lassen – Dinge, die nicht von Frau Fortuna kommen, sondern die er in seiner reinen und besonderen Gnade dem schenkt, der ihm gefällt.

Nicht weiter gehe ich ein auf deine anderen Klagen hinsichtlich deiner Brüder, die du nicht sehen kannst, weil sie weit von dir entfernt leben. Denn da diese Welt nur ein Ort des Übergangs ist, musst du hoffen, dass sie dank der Gebete der guten Mutter und ihrer Rechtschaffenheit von dem barmherzigen Gott in die Stadt der Freude geführt werden, das heißt dort oben im Himmel, wo ihr euch bis in alle Ewigkeit sehen werdet.

XVIII FRAU PHILOSOPHIE TADELT CHRISTINE, WEIL SIE SICH BEKLAGT.

Und wenn du dich darüber beklagst, dass dir der Tod deinen Ehemann in der Blüte seiner Jahre raubte, so sage ich dir: Gott fügte dir kein Unrecht zu, als er seinen Diener wieder zu sich nahm, um ihn noch zu erhöhen. Es gefiel Ihm, dich im Tal der Qualen zurückzulassen, um deine Geduld auf die Probe zu stellen und deine Tugend zu vervollkommnen. [...]

Mit alledem werde ich dir noch zeigen, was das Beste gewesen wäre für dich und auch für deinen Verstand. Auf dieser Welt gibt es kein größeres Gut – und da wirst selbst du mir nicht widersprechen – als das, was auf Klugheit, vervollkommnet durch Wissen, gegründet ist. Dies bewirkt das Studium, welches die Wissenschaft lehrt sowie die Erfahrung vieler Dinge. Dies beides ist der Ursprung der Weisheit einer Person, vorausgesetzt, ein Mangel an Urteilskraft macht dies nicht zunichte.

Was nun dich betrifft, so steht eines fest: Lebte dein Ehemann noch, dann hättest du dich zweifellos nicht in so hohem Maße wie jetzt deinen Studien widmen können, denn dies hätte die Beschäftigung mit Haushaltsdingen verhindert. Du hast dich diesem hohen Gut des Studiums gewidmet, der für dich wichtigsten Angelegenheit – nach dem Leben der Kontemplation, das in jeder Hinsicht das Leben für die Vollkommenen und die höchste Form von wahrer Weisheit ist. Jenes kostbare Gut des Studiums, von dem ich weiß, du würdest gestehen, dass du um den Preis aller Güter der Fortuna nicht gewollt hättest (so wenig du auch in diesem Bereich geleistet hast), dich damit nicht befasst und nicht das für dich so köstliche Vergnügen gekannt zu haben. Du kannst dich also beim besten Willen nicht als unglückliche Frau bezeichnen, verfügst du doch neben den anderen Gaben noch zusätzlich über eine, deren Besitz dich in höchstem Maße entzückt: die süße Lust des Wissens und Lernens.

Außerdem: Wärst du reich, materiell abgesichert und ohne Heimsuchungen geblieben, dann hättest du dich dem Genuss hingegeben (Dinge, die den Menschen so manche unerfreulichen Folgen bescheren), du hättest nicht die Erfahrung der Erkenntnis der Welt gemacht, hättest keinen Grund, sie so sehr zu hassen (was Gott gefällt) und wärst folglich nicht so gelehrt geworden. Denn wisse wohl, dass die Reichen, die doch ein jeder nicht um ihrer selbst, sondern um ihres Besitzes willen schätzt, haben nicht so viel Gründe, die Fallstricke der Welt oder ihre wahren Freunde zu erkennen, wie diejenigen, welche diese Welt mit ihren Widrigkeiten erleiden. Denn da sie jeder anlächelt, scheint ihnen die Welt ein Paradies. Dass dies zutrifft, hast du selbst viele Male gehört, wenn diese Reichen sagten, dass, ginge es nach ihnen, Gott sein Paradies behalten und sie für immer auf dieser Welt leben lassen sollte.

Jetzt schau mal, in welches Unglück sich die Genüsse verwandeln, wenn sie den Willen, welcher der Vernunft folgen soll, zu einer solchen Bestialität führen, dass er wie ein stummes Tier nur auf niedrige Nahrung aus ist, sich nicht erhebt und aufblickt zu dem ihm eigentlichen natürlichen Ort, dem Himmel, aus dem die Seele, geformt nach dem Abbild Gottes, gekommen ist und wohin zu gehen sie streben muss. Und dass es zutrifft, dass die Prüfungen durch die Heimsuchungen für dich von Nutzen sind, dafür berufe ich mich auf dich: Führte dich Gott wieder zurück zu etwas mehr Bequemlichkeit und Wohlstand, dann würdest du dir auf keinen Fall wünschen, die Heimsuchungen nicht erlebt zu haben. Jetzt schlussfolgere selbst und gib Acht, da es nun einmal so ist, dass diese für die Klugheit und für dein körperliches Wohl nützlich sind, untersuche, ob sie für die Seele, nicht sogar noch gewinnbringender sind, vorausgesetzt, du widersetzt dich ihnen nicht. [...]

XIX NOCH ZUM GLEICHEN THEMA

Dann scheint mir, dass du dich beklagst und sagst, da du, sobald du Witwe wurdest, gefangen warst in den Netzen eines harten Schicksals, dass dich die Bösewichte angriffen mit verschiedenen Prüfungen von Prozessen und mehreren üblen Geschichten, die sie für dich inszenierten. Oh, meine liebe Freundin, dass die Bösewichte die Unschuldigen verfolgen, die sich nicht verteidigen können, das ist nichts Neues, aber es gereicht diesen nicht zur Verdammnis. Denn verstündest du es, die Geschosse dieser Pfeile zu nutzen, dann wären diese Verfolger die Goldschmiede deiner Krone. [...]«.

Der Lehr-Dialog zwischen Christine und Frau Philosophie geht noch über sieben Kapitel weiter. Frau Philosophie setzt immer wieder neu an, unter Aufbietung immer wieder neuer Zitate von Aposteln, Kirchenvätern, philosophischen Autoritäten und von Boethius, um Christine den Weg zum rechten Leben zu weisen und von ihrem Irrglauben abzubringen, dass ihr Unrecht geschehen sei und sie nur Unerfreuliches erlebt habe. Im Folgenden werden aus diesen Reden der Philosophie nur einzelne kürzere Passagen übersetzt.

Am Ende von *Christines Vision* steht ein längeres, theologisch gehaltvolles Schlusswort der Christine in Form einer finalen Huldigung der Philosophie.

XXI IMMER NOCH ÜBER DEN TROST

»Liebe Freundin, mir scheint, das dir Mitgeteilte muss wirklich genügen im Hinblick auf das, was ich dir zu Beginn versprach: dir zu beweisen, wie falsch du lagst mit deinen heftigen Klagen über die von dir durchlebten Qualen, die indes nicht so gewaltig sind, wie von dir behauptet. Außerdem habe ich dir wohl hinlänglich bewiesen, so scheint mir, dass sie dir zu deinem Nutzen gewährt worden sind, vorausgesetzt, du widersetzt dich dem nicht. Doch was die Gegenwart betrifft, während der, wie du glaubst, deine Pechsträhne noch immer nicht abgerissen sei und für die du keine Möglichkeit der Beruhigung erkennst, werde ich dir antworten und dabei ebenfalls deine Meinungen und Vorstellungen zunichtemachen.

Danach, für kommende Zeiten, wenn du mir glauben willst, genau wie der Arzt, nachdem er seinen Kranken geheilt hat, ihm eine Diät verschreibt, um seine Gesundheit zu erhalten und ihn vor einem Rückfall zu schützen, genauso werde ich dir Order und Anleitung geben, damit du zu der wahren Glückseligkeit gelangst, die, weil es nun einmal keine andere gibt, ein jedes menschliche Herz anstreben sollte.

Zuallererst, da du nicht um deinen wahren Zustand weißt und um ihn dir zu offenbaren, stelle ich dir eine Frage. Denn nach allem, was ich von dir höre, gibst du dich nicht zufrieden mit dem Anteil, den du an materiellem Gut hast und meinst, dass viele andere dasjenige im Überfluss besitzen, an dem es dir gebricht und so sehr mangelt. Deshalb frage ich dich: Kennst du einen Mann oder eine Frau, sei es ein Fürst, eine Fürstin oder eine andere Person, die überreich wäre an den Gütern der Fortuna, seien es nun Lehnsgüter, Lebensstil, Ehrung und andere Würden – ich spreche hier von weltlichen Dingen, und nicht von den Theoretikern mit scharfem Verstand –, hättest du deine einfache Lebensweise, deinen freien Willen, die Liebe und das Vergnügen am Studium und dein einsames Leben dagegen eintauschen wollen, dich um so viele verschiedene Angelegenheiten mit Seele und Gewissen zu kümmern, oder hättest du das brennende Begehren und einen solchen Mut, selbst wenn dein schwacher weiblicher Körper in den eines Mannes verwandelt würde, um vollkommen und in jeder Hinsicht in jene verwandelt zu werden, von denen du meinst, sie seien von Frau Fortuna mit weltlichen Gütern verwöhnt werden?«

Da antwortete ich der verehrungswürdigen Frau: »Edle Frau, weshalb stellst du mir diese Frage? Weißt du denn nicht, dass die Gier nach allen Gütern der Fortuna mich keineswegs so sehr beherrscht, dass ich jemals meine Existenz hätte eintauschen wollen gegen die eines anderen, so reich dieser auch sein möge?«

»Oh du Närrin! Aber wie kommt es, dass du dich nach einer solchen Meinung dennoch für unglücklich hältst? Denn da deine Lebensweise besser zu dir passt als die eines Mächtigen und Reichen, der darauf nicht verzichten würde, hältst du dich also für reicher und das heißt: für glücklicher als der Superreiche mit all seinen Reichtümern. Denn da jedes Wesen nach seiner Vervollkommnung strebt – wenn du den Reichen für vollkommener hieltest als dich, dann möchtest du also deine Existenz gegen die seinige eintauschen. Daran erkennst du, dass das Schlechte oder das Gute, das die Menschen haben, in ihrer Meinung und nicht in den Dingen selbst begründet ist. Denn der ist reich, der nicht mehr begehrt, und der arm, der vor Begehrlichkeit brennt. Teure Freundin, hast du also nicht Unrecht? Deshalb möge dir der Stand genügen, in den dich Gott berufen hat.

Und was deine Klage darüber angeht, dass du die Last mehrerer Verwandten tragen musst – ertrage dies in Geduld und erfülle deine Pflicht, denn alles gereicht dir zur Ehre, und freue dich darüber, dass sie rechtschaffen sind. Wie sagt doch der Psalmist: ›Hoffe auf Gott und tue Gutes, denn es wird dir an nichts mangeln.‹ Der Natur ist mit wenigem geholfen; wer das natürliche Bedürfnis erkennt, der rettet sich selbst. Wer aber sein Leben an überflüssigen Genüssen ausrichtet, der ist verloren, verdammt und sein Leben von kurzer Dauer.«

Mit großer Beredsamkeit, neuen Argumenten und Verweisen auf die Bibel, die Kirchenväter und großen Theologen sowie auf Boethius versucht Frau Philosophie weiterhin, ihr überraschend stumm bleibendes Gegenüber von der Nichtigkeit aller weltlichen Güter zu überzeugen. Das gleiche gilt für sinnliche Freuden, von denen sie mit Boethius sagt:

XXV SCHLUSSFOLGERUNGEN AUS DEN GENANNTEN DINGEN UND ERNEUT HIERZU

[...] Was soll ich – so Boethius – zu den körperlichen Genüssen sagen? Wenn man sie haben möchte, dann bereiten sie einem viel Mühe; hat man sie errungen, verwandeln sie sich in Überdruss; hat man sie genossen, führen sie zu Erkrankungen. Das ist der Lohn für diejenigen, die diese begehren.

Mit diesen Lektionen in Sachen glückliches, sinnvolles Leben fährt Frau Philosophie noch eine Weile fort – bis das Text-Ich Christine wieder das Wort ergreift mit einer langen Dankesrede an die Philosophie, die sie nun als die »Heilige Philosophie« bezeichnet.

XXVII CHRISTINE ANTWORTET FRAU PHILOSOPHIE UND HULDIGT IHR IN GESTALT DER THEOLOGIE

Daraufhin verstummte die hochverehrte Frau, und ich begann folgendermaßen zu antworten: »Oh allerhöchste Spenderin der Speise und der heilenden Nahrung, die den durch Drangsal verletzten Kranken nicht nur gesund macht, sondern ihm wieder das Leben, die Kraft und die Stärke gibt mit dem süßen Balsam und die Flüssigkeit deines Trostes, du Philosophie, der Schrein und Inbegriff aller Wissenschaften, die deine

Glieder sind. Ich erkenne, dass zutrifft, was über dich gesagt wird, so wie es der heilige Augustinus darlegt.

Denn du bist alle Wissenschaften und den von dir Geliebten offenbarst du eine davon, so wie es dir gefällt und je nach dem Weg, auf dem sie dich ergründen wollen. Mir Einfältigen hast du dich aus würdiger Gnade in Gestalt der heiligen Theologie offenbart, um mein unwissendes Herz mit dem für mein Seelenheil Bekömmlichsten zu nähren.

Dies tatest du an mir nicht wie an deiner Magd, sondern besser, als von dir versprochen, das heißt: Du hast mir die nützlichsten und würdigsten Gerichte aufgetischt, welche vom Tisch des Gottvaters kommen. Hierfür danke ich, mehr, als ich es zu sagen vermöchte, Gott, der du bist und du in ihm.

Denn wahrhaftig, du bist alle Wissenschaften. Du bist wahre Physik, das heißt Theologie, insofern du aus Gott kommst, denn alle Ursprünge jeglicher Art liegen in Gott, dem Schöpfer. Du bist die Ethik, denn du predigst und lehrst gutes Leben, und das bedeutet: zu lieben, was liebenswert ist, und das ist Gott und den Nächsten. Du, Theologie, zeigst dies in der Wissenschaft der Physik und der Ethik.

Du bist logisch, denn du offenbarst das Licht und die Wahrheit der vernunftbegabten Seele. Du bist politisch, denn du lehrst gut zu leben, denn keine Stadt ist besser geschützt als durch das Fundament und das Bindemittel des Glaubens sowie die unerschütterliche Einigkeit darin, das Gemeinwohl zu lieben, welches das Wahrhaftigste und das Höchste ist.

Von Gott sprichst du in der Wissenschaft, in der du dich mir offenbartest, nämlich der Theologie.

Oh Theologie, die ich preisen will in dir, allmächtige Philosophie. Ich weiß, wenn ein Mensch etwas außerhalb von dir erlernt, was ihm schadet, dann erkennt er durch dich die Wahrheit; wenn es ihm von Nutzen ist, wirst du es ebenfalls kundtun. Aber alles, was er andernorts erlernt haben kann – falls es nicht auf dich zurückzuführen ist –, bedeutet Zeitverschwendung und Unwissenheit. Denn die wahre Weisheit, das bist du, es gibt niemanden außer dir, in dem das zu finden ist, was nirgendwo sonst existiert, und das ist wahrhaftige Glückseligkeit.

Dies bezeugt in Bezug auf dich der heilige Gregor im Prolog zu seinem Buch *Moralia in Hiob,* dass du das offenbarst, womit du die Geringen ernähren kannst – und dies bestätigt mir meine eigene Erfahrung – und dass du verbirgst, mit dem du die großen Geister in Bewunderung versetzen kannst.

Denn du gleichst einem Fluss, der so flach scheint, dass ein Lämmchen darin stehen und so tief, dass ein Elefant darin schwimmen kann. Wundersam ist dein Fluss, heilige Theologie, der einem Lämmchen so wenig tief scheint – das bedeutet einem guten Einfältigen, der dort steht – und doch so tief ist für den stolzen Elefanten – das heißt für die klügsten Köpfe, die dich kaum kennen, geschweige denn dich verstehen.

Deshalb sagt es der gesegnete heilige Hieronymus so treffend in seinem Sendbrief an seine gute fromme Jungfrau Demetria[63]: ›Anstelle eines Spiegels bediene dich der Lehre der Theologie, um das Hässliche an dir zu verschönern und um das zu bewahren, was du in dir an Schönem besitzt, und um dich noch schöner zu machen. Denn du, heilige Theologie, besitzest einen Spiegel, der die schmutzigen Stellen zeigt und lehrt, sie zu säubern.‹

Zu dir und deinem Lob sagt ebenfalls der gesegnete heilige Doktor Hieronymus, der dich so sehr schätzt: ›So wie die Dunkelheit der Nacht keineswegs die Helligkeit der Sterne am Himmel verdunkelt, genauso vermag irgendeine Ungerechtigkeit der Welt jene Seelen zu verdunkeln, die auf deinem Firmament, heilige Theologie, gründen.‹

Oh Herrin der Heiligen Theologie, du hast Sicherheit verschafft im Hinblick auf das, was dein Kirchenvater, der gesegnete Heilige Gregorius über dich sagt im ersten Buch der *Moralia [in Hiob]*,[64] dass deine Doktrin und Heilige Schrift für uns manchmal Fleisch, manchmal ein Getränk ist. An den dunkelsten Orten, da ist sie uns Fleisch. Was wir erklären, das ist das Fleisch, das wir kauen, und wenn wir sie hören, dann ist das wie Fleisch, das wir verschlingen. Aber an den Orten, wo sie uns am teuersten ist, das ist sie uns ein Getränk, denn wenn sie keiner Auslegung bedarf, dann schlucken wir sie hinunter, so wie wir sie vorfinden.

Hohe Frau, was kann ich über dich sagen und über das Gute, das du mir durch die heiligen Lebensgüter deines Mahls bewiesen hast, das mich gesättigt und mir meine Verblendung vor Augen geführt hat, durch die ich mein Unrecht, das du mir bewiesen hast. Darum sage ich, dass du, Heilige Theologie und Gottheit, ein überaus schmackhaftes Fleisch bist, das für mich alle Genüsse enthält, genau wie das Manna, das den Juden vom Himmel regnete und das köstlich im Mund eines jeden je nach dessen Wunsch war.[65]

Jetzt beende ich meine Vision, die ich nach drei verschiedenen Edelsteinen[66] und deren Eigenschaften gegliedert habe.

Der erste hat die Form eines harten und scharfen Diamanten. So klar er auch unbearbeitet wirkt – sobald er in Gold eingefasst ist, wirkt er dunkel und braun, aber dennoch ändert das nichts an seiner gewaltigen Kraft.

Der zweite ist die Kamee [Gemme], in die verschiedene Gesichter und Figuren eingeschnitten sind. Ihr Untergrund ist braun, das Gepräge weiß.

Der dritte ist wie ein kostbarer Rubin, hell und strahlend, ohne dunkle Wolke. Er besitzt die Eigenschaft, um so mehr zu gefallen, je länger man ihn betrachtet.

Hier endet Das Buch von Christines Vision.

Deo gracias

ANMERKUNGEN

1 Stierle 2003, S. 93, 113. Francesco Petrarca hat dies als seine ideale Lebensform betrachtet. Christine de Pizan, die sehr wahrscheinlich Kenntnis von Petrarcas Schriften hatte und deren Familie ihm in Venedig begegnet sein dürfte, steht eindeutig in dessen Tradition.

2 Ebenda, S. 111.

3 Hierzu detailliert Inès Villela-Petit, 2020.

4 Hierzu Curtius [9]1978, S. 145f.– Bei Ovid und anderen ist von einer ohne weibliches Zutun gezeugten Nachkommenschaft die Rede (»prolem sine mater creatam«, S. 552).

5 Wandruszka, S. 110.

6 Detaillierte biografische Informationen und eine akribische Ausleuchtung ihres sozialen Hintergrunds auf der Grundlage eines Studiums der Archive von Bologna und Venedig bei Wandruszka 2023, ferner bei Zimmermann 2023 (Nachwort zu dem *Buch von der Stadt der Frauen*).

7 Bislang wurde in der Forschung stets von dem Geburtsjahr 1364 ausgegangen. Nikolai Wandruszka arbeitet jedoch mit dem sog. »errechneten« Geburtsjahr 1365, das sich aus der Angabe der Autorin ergibt, sie sei im Jahr 1390 als ihr Mann starb, fünfundzwanzig Jahre alt gewesen.

8 Ebenda, S. 158. Zu Christines Großvater, dem Arzt Tomaso di Mondino, der aus der Stadt Forlì stammte, später in Venedig wirkte und im Umkreis der Pfarrei von San Moisè lebte, sowie zu dessen Tochter, Christines Mutter und weiteren Familienmitgliedern: ebenda, S. 88–91.

9 Dies war eine wegen des Prestiges der Sorbonne und ihrer Gelehrten im Mittelalter geläufige Bezeichnung für Paris.

10 Christine de Pizan, *Advision Cristine*, S. 15–16.

11 Hierzu Wandruszka 2023, S. 13 f.

12 Zühlke 1995, S. 33.

13 Zu Étienne du Castel (auch: de Castel) und seinem Vater siehe Wandruszka 2023, S. 24: »Vater und Sohn Castel tauchen in der zweiten Hälfte des 14. Jh. als Militär- und Verwaltungsbeamte am königlichen Hof in Paris auf, gehören also zur Funktionselite des Königreichs. Status und Hofnähe führen zur Bekanntschaft der Familien de Castel und de Pizan.«

14 Siehe hierzu France Culture, 24. Mai 2024: »Comment Christine de Pizan devint la première femme reconnue comme ›homme de lettres‹?«

15 *Advision Cristine*, S. 111.

16 *The Queen's Manuscript*, Ms. Harley 4431, fol. 3v. Übersetzung von Zimmermann 2002, S. 120.

17 Diese Epoche wurde zum ersten Mal 2024 als Neuanfang umfassend gewürdigt mit der Ausstellung *Les Arts en France sous Charles VII 1422–1461* im Musée de Cluny (Paris).

18 Hierzu: Groag Bell, 2008.

19 Das Werk ist in neun Abschriften überliefert, die in Bibliotheken in Paris, Chantilly, Brüssel, London und Krakau aufbewahrt werden. Ihre detaillierte Beschreibung und die ihrer Bildprogramme bei Ouy/Reno/Villela-Petit 2012, S. 379–413.

20 Flasch (Hg.) 2006, S. 149.

21 Siehe hierzu Christine de Pizan, *Das Buch von der Stadt der Frauen*, [4]2024, S. 9–14.

22 Die genauen Beschreibungen dieser Handschriften bei Ouy/Reno/Villela-Petit 2012, S. 426–466; zu dem Bildmotiv des Schlosses der Fortuna: Röschel 2017.

23 Detailliert hierzu: Röschel 2017.

24 Röschel 2017, S. 497.

25 Christine führt hier als Beispiel materielles Gut an, das einem Menschen unverdienterweises zufällt; zu ihrer gesamten Argumentation siehe Teil III ihres Buchs von der launischen Fortuna und hier Kap. 19, Vers 6675 ff.: »Hier wird erklärt, wer Fortuna ist und woher sie kommt.«

26 Es überrascht, dass sie weder ihre drei Brüder Stefano, Paolo und Aghinolfo erwähnt noch erklärt, weshalb sie selbst als ›Alleinerbin‹ des intellektuellen Kapitals ihres Vaters Tommaso da Pizzano auftritt.

27 Anspielung auf die weisen Prophetinnen, die sieben Sybillen, von denen Christine de Pizan ausführlicher im zweiten Teil von ihrem *Buch von der Stadt der Frauen* (1405) sprechen wird.

28 Siehe hierzu Curtius [9]1978, S. 138–141.

29 Hier und im Folgenden (bei den Geschichten von Tiresias und Iphis) greift die Autorin auf den sog. *Ovide moralisé* zurück, eine anonyme, mit christlichen Kommentaren versehene Bearbeitung von Ovids *Metamorphosen* in Versform aus dem 14. Jahrhundert. Wahrscheinlich hat Christine de Pizan Ovids *Metamorphosen* auch im Original gekannt.

30 Hymenaios ist in der griechischen Mythologie der Gott der Hochzeit und wird meist als geflügelter schöner Jüngling dargestellt, mit einer Hochzeitsfackel, einem safrangelben Schleier und Blumenkranz. Zuvor hatte (das Text-Ich) Christine ihre glückliche Ehe als ihren Aufenthalt am Hof des Hymenaios und als dessen Dienerin beschrieben.

31 Plattform am Mast eines größeren Segelschiffs.

32 Auch hier, bei der Anspielung auf die Geschichte von Alkyone und Keix, bezieht sich die Autorin auf den *Ovide moralisé.* Alkyone, eine Figur aus der griechischen Mythologie, ist bei Ovid die Frau von Keyx und die Tochter des Windbeherrschers Aiolos. Sie warnt Keyx vor einer Fahrt auf dem Meer, während derer sein Schiff in einem Sturm versinkt, er selbst ertrinkt und sterbend ein letztes Mal den Namen der Alkyone ausspricht. Alkyone stürzt sich von den Klippen, als sie die Nachricht vom Tod des Keix erhält, doch die gnädigen Götter verwandelt sie in einen Halcynone (Eisvogel), der in Richtung ihres toten Mannes fliegt.

33 Hierzu Spoerhase 2024, S. 10.

34 Das Buch Hiob (auch Ijob oder Job) ist ein Klassiker der Weltliteratur – Joseph Roth schrieb 1930 mit *Hiob. Roman eines einfachen Mannes* eine moderne Fassung dieses Buchs aus dem Alten Testament, Marlene Dietrich bezeichnete es als ihr Lieblingsbuch. Es ist die Geschichte eines frommen und gerechten Mannes, der unvermutet großes Unglück erfährt, der jedoch deswegen nicht mit seinem Gott hadert und dafür am Ende von diesem reich belohnt wird.

35 Zwei dieser Handschriften (Paris, BnF, fr. 1176 und Brüssel, KBR 10309) sind in öffentlichen Bibliotheken zugänglich, die dritte (ex-Phillipps 128), aus dem Besitz des exzentrischen englischen Bücher- und Handschriftensammlers Sir Thomas Phillipps (1792–1872), befindet sich in Privatbesitz. Detaillierte Informationen zu diesen Handschriften bei Ouy/Reno/Villela-Petit 2012, S. 583–609.

36 Siehe hierzu ihre Beschreibung bei Dulac/Reno (Hg.), S. 30–31.

37 Wiederabdruck (Originaltitel: »Glose sur la première partie de ce présent volume«) in der Edition von Dulac/Reno 2001, dort S. 3–11.

38 Hier – in Kap. XIV – beginnt bereits eine Kritik an Christines Fortuna-Glauben, der, so Frau Meinung, Christine in ihrem *Buch von der launischen Fortuna* zu viel Macht über die Geschicke der Welt und die einzelner Menschen zugestehe (siehe hierzu Z. 4–18).

39 Dulac/Reno (Hg.) 2001, S. 162.

40 Ich danke an dieser Stelle Thomas Schmidt-Grassee, der mir mit seiner theologischen Kompetenz den Blick für diese wichtige intertextuelle Spur geschärft hat und mir zahlreiche wertvolle Hinweise gegeben hat, auf die ich mich im Folgenden beziehe.

41 Vgl. hierzu Dulac/Reno (Hg.), S. 101, 127, 131–132. Ferner spricht Christine bereits in ihrem *Buch von der launischen Fortuna* von Hiob und stellt ihn als »pacient preudhomme« (»geduldigen und rechtschaffenen Mann«) dar, der unfassbar bitteres, ›unverdientes‹ Leid mit großer Geduld erträgt: *Le Livre de la Mutacion de Fortune,* éd. Solente, S. 281.

42 *Advision Cristine*, S. 140.

43 So z.B. ebenda, S. 120 und 121.

44 *Advision Cristine*, S. 92.

45 Ebenda, S. 94

46 Abgewandeltes Zitat nach dem Neuen Testament, Joh 1, 27.

47 Anspielung auf die Perikope »die kanaanäische Frau« in Mk 7, 24–30 bzw. Mt 15, 21–28.

48 »Bologna la grassa« – Bologna die Fette, d.h. die Reiche – wurde Bologna am Ende des Mittelalters genannt.

49 Das mit Charles V. konkurrierende Stellenangebot kommt von König Ludwig I. dem Großen (1326–1382) aus dem Hause Anjou.

50 Hier irrt sich Christine: Charles V. (1338-1380) verstarb bereits im Alter von 42 Jahren.

51 Diese Ballade hatte sie bereits als Ballade Nr. VI in ihrem Frühwerk, den *Hundert Balladen,* publiziert.

52 Christine zitiert hier ein zeitgenössisches Sprichwort.

53 Direkte Anspielung auf den *Trost der Philosophie,* wo Frau Philosophie die Musen der Poesie aus der Gesellschaft des Boethius vertreibt.

54 Es handelt sich um Isabelle de France (1389–1409), eine Tochter von König Charles VI. Die Heirat mit Richard II. (1377–1399) findet 1396 statt.

55 Dies ist Jean de Montacute (oder Montagu) von Salisbury (1350–1400), Vertrauter des englischen Königs Richard II. Salisbury reist 1399 nach Frankreich, um die Heirat von Henry Bolingbroke mit einer Tochter von Johann von Berry (einer der wichtigsten Mäzene Christines) zu arrangieren. Bei dieser Gelegenheit muss die Begegnung mit der Schriftstellerin stattgefunden haben, von der sie im Folgenden spricht. Salisbury wird 1400 von einer aufgebrachten Menge geköpft, die Christine de Pizan als die »Pest« bezeichnet.

56 Dies ist der englische König Heinrich IV. (1367–1413).

57 Es handelt sich hierbei um Richard Bruges oder Del Brugge, einen Herold im Dienst des Herzogs von Lancaster, und um John, genannt »Falcon king of arms«; hierzu detaillierter Dulac/Reno 2001, S. 181. – Die Heimholung von Christines Sohn aus England wird auf die erste Jahreshälfte 1402 datiert.

58 Dies ist Gian Galeazzo Visconti (1351–1402). Seine Tochter Valentina Visconti (1371–1408) ist die Frau von Ludwig von Orléans, einer der Gönner von Christine de Pizan.

59 Gemeint ist Philipp II. der Kühne von Burgund (1342–1404), ein jüngerer Bruder von Charles V. und einer der wichtigsten Mäzene und Förderer von Christine de Pizan.

60 Fast beiläufig wird hier ein sehr ›aufregender‹ Gedanke formuliert – und zugleich von Christine theologisch abgesichert, um innerhalb der kirchlichen Othodoxie zu bleiben: Die Gleichsetzung von Frau Philosophie mit Gott/dem Heiligen Geist (gr. Sophia).

61 Anspielung auf die Kämpfe zwischen den kaisertreuen Ghibellinen und den Guelfen, die die Politik des Papstes unterstützen, im Italien des 14. Jahrhunderts.

62 »Glücklich die Armen im Geiste, denn ihnen gehört das Himmelreich. Glücklich die Friedfertigen, denn sie werden die Kinder Gottes genannt« (Mt 5,3 und 9).

63 Dies ist die heilige Demetria von Rom, verst. 440.

64 Christine zitiert mehrfach den spätantiken Papst Gregor (540–604) und sein Buch, die *Moralia in Hiob*, mit dem er versucht, das Buch Hiob seinen Zeitgenossen nahezubringen und sie zu einer Nachahmung Christi zu motivieren. Im Grunde tut Christine de Pizan ähnliches, wenn sie ihrem eigenen Leben das Buch Hiob gleichsam als ›Folie‹ hinterlegt.

65 Anspielung auf Ex 16, 14–27.

66 Hilfreiche Erläuterungen zu der theologischen Bedeutung zu diesen »concluding metaphors with which Christine departs from her vision« dieser drei Edelsteine finden sich in den Anmerkungen von McLeods Übersetzung der *Advision*, dort S. xli. – Von Dulac/Reno, S. 193, wird dagegen auf Brunetto Latini, Alain de Lille und Philippe de Mézières verwiesen.

ZEITTAFEL

CHRISTINE DE PIZAN
Ein Leben im Zeichen von Exil und Krise

Ende 1364/ Anfang 1365	Geburt von Christine de Pizan in Venedig Taufe in der Kirche von San Moisè in der Nähe des Markusplatzes Rückkehr der Familie nach Bologna Berufung ihres Vaters Tommaso da Pizzano nach Paris an den Hof von Charles V., des ersten hochgebildeten französischen Königs. Später verleiht ihm Christine de Pizan den bis heute gebräuchlichen Beinamen »der Weise«. Tommasos Familie verbleibt vorerst in Bologna.
1368	Die Mutter macht sich im Herbst mit vier Kindern und Gefolge auf die beschwerliche Reise über die Alpen nach Paris. Im Dezember: feierlicher Empfang der Großfamilie durch König Charles V. im Louvre
um 1369	Die königliche Bibliothek, eine der besten und umfangreichsten Europas, zieht um in den Falkenturm des Louvre, wo sie auf drei Etagen untergebracht wird. Dort haben Tommaso da Pizzano, später auch Étienne du Castel und Christine Zugang zu diesem Bücherschatz. Dessen Schwerpunkte: Theologie, politische Theorie und Ratgeberliteratur für Fürsten – weltliche (Unterhaltungs-)Literatur und religiöse Erbauungsliteratur, lateinische und wissenschaftliche Schriften sowie Übersetzungen antiker und arabischer Werke.
1379	Christine heiratet den königlichen Sekretär Étienne du Castel. In den folgenden Jahren: zahlreiche Geburten. Drei überlebende Kinder: Marie (*1381/83), Jean (*um 1385) sowie ein früh verstorbener 2. Sohn.
1380	Tod von König Charles V. Seine Brüder Ludwig I. von Anjou, Johann von Berry und Philipp II. von Burgund bilden den Regentschaftsrat (»Regierung der Herzöge«).
um 1385	Christines Vater stirbt nach längerer Krankheit.
1388	Charles VI. übernimmt die Regierungsgeschäfte.

um 1389 Tod von Christines Ehemann Étienne du Castel

1392/93 Ausbruch der Geisteskrankheit von König Charles VI.

um 1394 Christine beginnt zu schreiben.

1399–1400 Sie überreicht der Königin Isabeau de Bavière (Elisabeth von Bayern) die *Hundert Balladen (Cent Balades).*

In schneller Abfolge entstehen weitere Werke, meist in Versform:

Otheas Brief an Hektor (L'Épître Othea); Der Sendbrief vom Liebesgott (L'Épître au Dieu d'Amours); Das Gedicht von Poissy (Le Dit de Poissy)

1401/02 Christine entfacht im Milieu der Pariser Frühhumanisten den in hin- und hergehenden Briefen ausgefochtenen Streit um Jean de Meuns *Rosenroman.*

1402 *Das Buch vom Weg des langen Lernens (Le Livre du Chemin de Long Estude)*

Kontakte zu englischen Adligen. Christines Sohn Jean am englischen Königshof

Der lombardische Adlige Gian Galeazzo Visconti, einer der reichsten Fürsten Europas, macht Christine ein verlockendes Angebot, um sie zurück nach Italien zu holen, stirbt jedoch noch im gleichen Jahr.

1402/03 *Das Buch von der launischen Fortuna (Le Livre de la Mutacion de Fortune)*

1404 Januar: Herzog Philipp II. der Kühne von Burgund beauftragt Christine, eine Biografie des verstorbenen Königs zu schreiben: *Das Buch von den großen Taten und Tugenden des weisen Königs Charles V. (Le Livre des fais et bonnes meurs du Sage Roi Charles V).*

März: Tod ihres Gönners Philipp II.

1404/05 Christines Werk, jetzt überwiegend in Prosa, wird zunehmend politisch.

1405 *Das Buch von der Stadt der Frauen (Le Livre de la Cité des Dames)*

Das Buch von den Drei Tugenden (Le Livre des Trois Vertus)

Christines Vision (L'Advision Cristine)

Das Buch vom wahrhaft liebenden Herzog (Le livre du Duc des vrains amants)

Der Brief an die Königin (Épître à la Reine)

1406/07 *Das Buch vom Körper des Gemeinwesens (Le Livre du corps de policie)*

1407 Ermordung von Ludwig von Orléans auf offener Straße: Signal für das Wiederaufflammen politischer Gewalt in und um Paris. Bürgerkriegsähnliche Zustände.

1409 Religiöse Dichtung: *Sieben allegorisierte Psalmen (Sept psaumes allégorisés)*

1410 *Hundert Balladen eines Liebenden und seiner Dame (Cent Ballades d'un amant et de sa dame)*

Klage über die Missstände in Frankreich (23. August) (Lamentacion du les maulx de la France)

Das Buch vom Waffenhandwerk und von der Ritterschaft (Le Livre des faits d'armes et de chevalerie)

1411 Beginn des Bürgerkriegs zwischen Armagnaken und Burgundern

1412/13 *Le Livre de la Paix (Das Buch vom Frieden)*

um 1414 Zusammenstellung einer kostbaren Sammelhandschrift ihrer Werke – *Das Buch der Königin (Le livre de la Reine)* – für Isabeau de Bavière.

1415 Schwere Niederlage der Franzosen gegen die Engländer in der Schlacht von Azincourt.

1416 Christine verfasst für die Witwen der in Azincourt Verstorbenen die Trostschrift *Épître de la Prison de la Vie Humaine (Epistel vom Gefängnis des menschlichen Lebens).*

um 1418? Christine flieht aus Paris, ihre Spur verliert sich.

Vermutlich Rückzug in das Dominikanerinnenkloster von Poissy südlich von Paris. Dort lebt bereits ihre Tochter Marie als Nonne.

1419 Ermordung des Herzogs Johann Ohnefurcht von Burgund auf einer Brücke in Paris. Dessen Sohn Philipp der Gute verbündet sich mit den Engländern.

1420 Tiefpunkt der französischen Geschichte: Der Vertrag von Troyes entmachtet Charles VI. zugunsten des englischen Königs Heinrich V.

1422 Tod von Charles VI.

um 1425 Tod von Christines Sohn Jean du Castel.

Sie verfasst die *Heures de contemplacion sur la passion de Nostre Seigneur*, das *Stundenbuch der Betrachtung des Leidens Unseres Herrn.*

1429 Die Wende für Frankreich im Hundertjährigen Krieg: Aufhebung der Belagerung von Orléans durch Jeanne d'Arc.

Reims: Salbung des Thronfolgers Charles VII. mit Hilfe von Jeanne d'Arc.

Die politisch immer noch gut informierte Christine verfasst am 31. Juli 1429 vermutlich im Kloster von Poissy ihr letztes erhaltenes Werk, den *Ditié de Jehanne d'Arc,* ein hymnisches Gedicht auf die Retterin Frankreichs.

um 1430? Tod Christines an einem unbekannten Ort.

1435 Tod von Königin Isabeau de Bavière.

ab 1440 Verschiedene Werke von Christine de Pizan werden ins Englische, Deutsche (Alemannische) und Niederländische übersetzt.

ABBILDUNGSVERZEICHNIS

AUSWAHLBIBLIOGRAFIE

Primärliteratur und Übersetzungen

Boethius, *Trost der Philosophie.* Übersetzt von Ernst Gegenschatz und Olof Gigon. Herausgegeben und mit einem Nachwort von Kurt Flasch, München ²2006.

Christine de Pizan, *Christine's Vision*, hg. und übers. von Glenda K. McLeod, London/New York 1993.

Christine de Pizan, *Le Livre de la Mutacion de Fortune*, hg. von Suzanne Solente, 4 Bde., Paris 1959–1966.

Voix de femmes au Moyen Âge – savoir, mystique, poésie, amour, sorcellerie, XIIᵉ–XVᵉ siècle, hg. von Danielle Bohler, Paris 2006.

Christine de Pizan, *Das Buch von der Stadt der Frauen*, hg. und übers. von Margarete Zimmermann, Berlin ⁴2024.

Christine de Pizan, *Le Chemin de longue étude*, hg. und übers. von Andrea Tarnowski, Paris 2000.

Christine de Pizan, *Écrire d'amour. Parler de soi. La Mutacion de Fortune, première partie – Le Dite de Poissy – Le Dit de la Rose – Le Dit de la pastoure avec une anthologie de ballades, virelais et rondeaux*, hg. und übers. von Sarah Delale und Lucien Dugaz, Paris 2023.

Christine de Pizan, *Le Livre de l'Advision Cristine*, hg. von Christine Reno und Liliane Dulac, Paris 2001.

Francesco Petrarca, *De vita solitaria*, Buch I, hg. von Karl A. E. Enenkel, Leiden/New York/København/Köln 1990.

Lexika des Mittelfranzösischen

Algirdas Julien Greimas/Teresa Mary Keane, *Dictionnaire du Moyen Français*, Paris 1992.

Dictionnaire du Moyen Français (1330–1500), http://www.atilf.fr/dmf/

Sekundärliteratur

Les Arts en France sous Charles VII. 1422–1461, hg. von Mathieu Deldicque, Maxence Hermant, Sophie Lagabrielle und Séverine Lepape, Paris 2024.

Danielle Bohler, »Christine de Pizan, *Le Livre de l'Advision Cristine.* Édition critique par Christine Reno et Liliane Dulac«, in: Clio, 16, 2002, S. 311–313.

Ernst Robert Curtius, *Europäische Literatur und lateinisches Mittelalter*, Bern [9]1978.

Susan Groag Bell, »Christine de Pizan in Her Study«, in: *Cahiers de recherches médiévales et humanistes* [En ligne], Varia, mis en ligne le 10 juin 2008. URL: http://journals.openedition.org/crmh/3212; DOI: https://doi.org/10.4000/crm.3212

Aaron Gurjewitsch, »Individu« (aus dem Russ. übersetzt von Wladimir Berelovitch) in: *Dictionnaire raisonné de l'Occident médiéval*, hg. von Jacques Le Goff und Jean-Claude Schmitt, Paris 1999, S. 512–523.

Blake Gutt, »Transgender mutation and the canon: Christine de Pizan's *Livre de la Mutacion de Fortune*. Postmedieval 11, S. 451–458 (2020). https://doi-1org-1n3wanocz068d.erf.sbb.spk-berlin.de/10.1057/s41280-020-00197-2.

Philippe Maupeu, »Les voyages allégoriques de Christine de Pizan *(Le Chemin de long estude, Le Livre de la Mutacion de Fortune, L'Advision Cristine)*«, in: Ders., *Pèlerins de Vie Humaine. Autobiographie et allégorie narrative, de Guillaume de Deguilevillle à Octovien de Saint-Gelais*, Paris 2009, S. 401–475.

Gilbert Ouy/Christine Reno/Inès Villela-Petit, *Album Christine de Pizan*, Turnhout 2012.

Paris 1400. Les arts sous Charles VI, hg. von Catherine Marquet – Musée du Louvre, Katalog der Ausstellung, Paris 2004.

Paris et Charles V. Arts et architecture, hg. von Frédéric Pleybert, Paris 2001.

Anne Paupert, »›La Narracion de mes aventures‹: Des premiers poèmes à *L'Advision*, l'élaboration d'une écriture autobiographique dans l'œuvre de Christine de Pizan«, in: *Au champ des escriptures. IIIe Colloque international sur Christine de Pizan*, hg. von Eric Hicks, Paris 2000, S. 51–71.

Christine Reno/Liliane Dulac, »Introduction«, in: Christine de Pizan, *Le livre de l'Advision Cristine*, hg. von Christine Reno und Liliane Dulac, Paris 2001, S. XI–LXXVIII.

Dieter Röschel, »›Il a un lieu dessus la mer‹ – Das Schloss der Fortuna in Christine de Pizans *Livre de la mutacion de Fortune*«, in: *Wasser in der mittelalterlichen Kultur/Water in Medieval Culture. Gebrauch – Wahrnehmung – Symbolik/Uses, Perceptions, and Symbolism*, hg. von Gerlinde Huber-Rebenich, Christian Rohr und Michael Stolz, Berlin 2017, S. 488–498.

Christina Schaefer, »Die stille Meisterin. Zum Rekurs auf die *experientia* bei französischen und italienischen Schriftstellerinnen zwischen 1400 und 1800«, in: Facetten der experientia. *Zum Rekurs auf Erfahrung und Erfahrungswissen in der frühneuzeitlichen Romania*, hg. von Isabelle Fellner und Christina Schaefer, Wiesbaden 2022, S. 115–138. Open access: Die stille Meisterin.

Carlos Spoerhase, »Jetzt kommt es auf uns an. In vielen erfolgreichen wissenschaftlichen Sachbüchern schreiben die Autorinnen und Autoren jetzt auffällig viel über sich selbst. Muss das sein?«, in: *Süddeutsche Zeitung*, 18. Juni 2024, Nr. 138, S. 10.

Karlheinz Stierle, *Francesco Petrarca: Ein Intellektueller im Europa des 14. Jahrhunderts*, Darmstadt 2004.

Marie-Hélène Tesnière, »La librairie modèle«, in: *Paris et Charles V. Arts et architecture*, hg. von Frédéric Pleybert, Paris 2001, S. 225–234.

Inès Villela-Petit, *L'atelier de Christine de Pizan*, Paris 2020.

Nikolai Wandruszka, *Christine de Pizan. Familie, Herkunft und sozialer Hintergrund*, Hamburg 2023.

Margarete Zimmermann, *Christine de Pizan*, Reinbek bei Hamburg 2002.

Margarete Zimmermann, »Von monastischen und weltlichen ›Häusern‹. Denkformen des ›Hauses‹ bei Christine de Pizan«, in: *Das Haus schreiben. Wissensbewegungen in der ökonomischen Literatur der Frühen Neuzeit (1300–1700)*, hg. von Christine Schaefer und Simon Zeisberg, Wiesbaden 2018, S. 85–106.

Margarete Zimmermann, »Christine de Pizan und ihr *Buch von der Stadt der Frauen*, in: Christine de Pizan, *Das Buch von der Stadt der Frauen*, aus dem Mittelfranzösischen übersetzt, kommentiert und mit einem Nachwort versehen von Margarete Zimmermann, Berlin [3]2024, S. 326–360.

Bärbel Zühlke, *Christine de Pizan in Text und Bild. Zur Selbstdarstellung einer frühhumanistischen Intellektuellen*, Stuttgart/Weimar 1994.

Bärbel Zühlke, »Je, Christine …« – Zur Selbstdarstellung der Christine de Pizan«, in: *Geschriebenes Leben. Autobiographik von Frauen*, hg. von Michaela Holdenried, Berlin 1995, S. 33–49.

ZUR HERAUSGEBERIN UND ÜBERSETZERIN

Die Christine de Pizan-Spezialistin Margarete Zimmermann lehrte als Romanistin und Kulturwissenschaftlerin zunächst in Münster, Trier und Gießen, dann in Berlin an der Freien Universität und der Technischen Universität sowie als Gastprofessorin an der École Normale Supérieure in Lyon. Sie hat zahlreiche Aufsätze zu dieser großen frankoitalienischen Autorin sowie die Rowohlt-Monografie *Christine de Pizan* (2002) veröffentlicht und lebt als Übersetzerin und Autorin in Berlin und in Paris. Zuletzt gab sie im AvivA Verlag Christine de Pizans ebenfalls von ihr übersetztes und kommentiertes Hauptwerk *Das Buch von der Stadt der Frauen* heraus.

ZUR ÜBERSETZUNG

Die Übersetzung von *Das Buch der launischen Fortuna* beruht auf: Christine de Pizan, *Le Livre de la Mutacion de Fortune,* hg. von Suzanne Solente, Paris 1959–1966. Übersetzt wurde aus Band I, und zwar die Seiten 16, 20–23, 29, 41–53.

Christines Vision wurde übersetzt nach Christine de Pizan, *Le Livre de l'Advision Cristine,* hg. von Christine Reno und Liliane Dulac, Paris 2001. Es wurden übersetzt: S. 94–130, S. 135, Z. 18–21; S. 140–142.

FRÜHFEMINISTISCHE VISIONEN

Christine de Pizan
Das Buch von der Stadt der Frauen
Hg. u. aus dem Mittelfranzösischen
übersetzt v. Margarete Zimmermann
376 S., m. Abb.
978-3-949302-13-8

In ihrem heute berühmtesten Werk, dem »Buch von der Stadt der Frauen« (1405) fordert Christine de Pizan den geschlechtsunabhängigen Zugang zur Bildung, nimmt frauenfeindliche Klischees und Vorurteile auseinander, debattiert über Gewalt und Vergewaltigung, über die Politikfähigkeit von Frauen, über »toxische« und »gute« Männer und Väter – und baut aus ermutigenden Geschichten von starken Frauen aller Zeiten ihre »Stadt der Frauen« als Zufluchtsort mit utopischem Potenzial.

»Die erste überlieferte Streitschrift gegen die damalige misogyne Hatespeech hat nichts von ihrer Aktualität verloren. Leider.«

Mechthilde Vahsen, Virginia

»In ›Das Buch von der Stadt der Frauen‹ entwirft Christine de Pizan die Utopie einer Gesellschaft, in der Frauen gleiche Rechte haben wie Männer.«

Leonie C. Wagner, Neue Zürcher Zeitung

»Die hier errichtete Bastion gegen den Irrsinn inspiriert bis heute (...).«

Vojin Saša Vukadinović, Schweizer Monat

Leseproben und weitere Informationen über
unser Verlagsprogramm finden Sie unter
www.aviva-verlag.de

Umschlagbild: Autorinnenporträt zu Beginn des »Buchs von der launischen Fortuna«, Maitre de la Cité des Dames.
© Bibliothèque Nationale de France, Ms. fr. 603, fol. 81v.

Umschlaggestaltung, Layout und Satz: Kerstin Weber
Druck: Printfinder, SIA, Riga
Printed in Europe

1. Auflage 2024

AvivA Britta Jürgs GmbH
Emdener Str. 33, 10551 Berlin
info@aviva-verlag.de
www.aviva-verlag.de

ISBN: 978-3-949302-27-5